光文社文庫

札幌刑務所4泊5日

東《あづま》　直己《なおみ》

光　文　社

札幌刑務所4泊5日

――目次

第1章 入所までのすったもんだのいきさつ 9

第2章 受刑者の道―どうせなるなら模範囚 51

第4章 社会復帰へ向けて

第1章　入所までのすったもんだのいきさつ

●違反事項―速度超過（時速30キロのところ48キロ）

ある年の十一月九日午後八時五十一分ころ、俺は札幌市厚別区厚別東四条一丁目付近道路で（このあたりの記述は正確だ。なにしろ、手許に残っている赤キップを見ながら書いているのだから）、警察のオジサンたちに停められた。

俺はその時、50ccバイク（つまり原動機付き自転車、俗に原チャリなどと呼ばれるヤツだ）で走っていたのだ。そのころ俺は、自称〈フリー・ライター〉つまり無職で、この時は珍しく仕事の注文を受けて富良野に行った帰りだった。観光ガイドブックに富良野の観光ポイントの記事を書くために現地に行って、数日泊まり掛けの取材がやっと終わったのだ。で、早く家に帰って子供の顔を見たいな、と思っていたせいで、ちょっとスピードが出ていたかもしれない。というのは、まぁ弁解で、実際のところ、いつも制限速度オーバーで走っていたのは事実だ。深く反省しております。

俺のハスラー、つまりＴＳ50は、なんと、制限速度を十八キロもオーバーの、時速四十八キロで突っ走っていたのだった。ほかの車にビュンビュン追い抜かれながら。なんというワルモノだったんだ、俺は。我ながら恥ずかしい。俺は、当然のことながら、深く反省したね。

警察のオジサンたちの妙になれなれしい口調にも素直に応じて、反省の気持ちを充分に表現したわけだ。

と、深く反省する一方で、俺は内心、喜びがこみ上げてくるのを抑えることができなかった。（これで、やっと刑務所に入れる！）という喜びで、俺の頬はともすれば緩みそうになる。

「あのねぇ、アヅマさんねぇ、これ、この青いキップを切るから、これで、七千円、銀行で納めれば、もうそれでOKだから。延ばし延ばししてると、話がヤヤコシクなるから、早めに納めてや。したらもう、それでキレイになるから」

などと、警察のオジサンは、人なつっこい北海道弁で、親切に教えてくれる。俺は反省の色もアラワに「はい、わかりました」と答えつつ、（今回は失敗しないぞ！）と自分に言い聞かせていたのである。

（できるだけ話をややこしくして、なんとかして刑務所に入るぞ！）

●前回の挫折

なぜ刑務所に入りたいのか、と聞かれれば、そうだな、別に理由はないけど、と答えるしかない。ただ単に好奇心から、と言ってもいい。あるいは、なにしろいわゆる〈フリー・ライター〉ってやつだから、どんな経験でも役に立つ、取材しとけば後々便利だ（ほら、そのせいで、この本が書ける）、という実利的な理由があったからでもある。それにまた、何度も繰り返すがいわゆる〈フリー・ライター〉だから、つまり無職だから、ストレートに貧乏なわけで、七千円払うよりは、刑務所に数日入る方が経済的にも助かる、という理由もないわけではない。七千円が節約できるばかりではなくて、その数日間、確実に食費が浮くし、所内で作業すれば給料も出るかもしれない。

そういういろいろな理由もあるが、もうひとつ（これで絶対に刑務所に入ろう！）と決意したのは、過去のいきがかり、というものもある。俺は以前に一度、刑務所に入ろうとして失敗しているのだ。

その時は、確か免許証不携帯だったんじゃないか、と思う。あるいは、その時も速度超過だったかもしれない。となると常習犯で、これは世間に顔向けできないほどの極悪人だ、俺は。反省しなければ、ならない。

で、その当時は俺は札幌の某タウン雑誌に勤めていた。それで俺は、青キップを切られた時に、自動的に考えたわけだ。

（これで刑務所に入れば、体験記が書ける。すると、見開きひとつかふたつは潰すことがで

きる。しかも、読者はおもしろがるだろうから、これはイイぞ）

倫理とか世間体とか、正常な社会人としての常識が、「ネタ」に侵されてしまっている、退廃したメディア業界人の思考がここにある。いかんなぁ、こういうことでは。人は、人間は、常に「真善美」を自分の目印として生きていかなければならない。「ウケるネタ」のために刑務所に入るなど、もってのほかだ。

ということはわかっていても、なにしろ俺は退廃してるから、さっそく刑務所に入ることにした。そして、刑務所に入る手続きをしようとしたのだが、ここで俺は老練な検察事務官（あるいは札幌簡易裁判所書記官）の術中にはまって、刑務所入所に失敗してしまったのだ。

当時は退廃していたとはいえ、まだまだ純朴だったから、それなりに青キップを赤キップまで引っ張った後、素直に目の前の初老の男性（これが、検察事務官だか簡裁書記官だか、そのどっちかだと思うんだが）に、自分の目標を告げてしまったのだった。

「ええ、実は俺、刑務所に入りたいんです」

オジサンは一瞬複雑な表情になって（キョトンと、ムッと、エェ？　アァ？　が一緒になった顔つきで）俺の顔を眺めたが、次の瞬間、非常に洗練された「爆笑」を始めたのだった。

「アーッハッハッハッハッ。それは傑作だ、ホント。いやぁ、なるほどねぇ！　傑作だ、アーッハッハッハッハァ！」

「いえ、あのです。冗談じゃなくてですね、ええとあの、僕は月刊★●▲に勤めてるんですが、ここはひとつ、実際に、反則金を払わずに刑務所に入って、その様子をリポートして読み物を作ろう、と考えてるんです」

「アーッハッハッハッハァ！　それはいいや、傑作、傑作。私もぜひ読んでみたいねぇ、いや、ホント。ククククククッ！」

「いや、あの冗談じゃなくてですね……」

「いやぁ、しかし、今の若い人は、おもしろいことを考えるもんだね」

「いや、あの……」

「いや、おもしろい。ユニークな発想、というヤツかねぇ……わたしらも、いろいろと勉強になります」

「はぁ……」

「まぁ、それはそれとして、ね、アヅマさん、冗談は冗談として、反則金、ここで納めて帰ってくださいよ。それで終わりだから。……いやぁ、それにしても、傑作な話だなぁ！　ハッハッハッハッハァ！」

「いや、あの、本当に、冗談じゃないんです。で、その刑務所に入る手続きをしたいんですが……」

「んなもん、手続きなんて、ないよ。ここで反則金を払ってもらうだけだから」

「もしこのまま、ずっと払わないでいたら、どうなりますか？」

「それはあんた、アヅマさん、当然、オタクの家まで、手錠持って迎えに行くけどね」

この「手錠」という単語は、おそらくちょっとしたオドシの雰囲気で使用された名詞だろう、と思う。しかしそれは逆効果になって、俺は（よし、手錠腰縄で連行される時には、戸塚ヨット・スクールの戸塚さんのように、手錠を誇示して、ニヤリと笑おう。カメラは誰に頼もうかな。やっぱり、ハバちゃんにしようかな）などと、ほとんど恍惚として考えたのである。そして、同僚の中でカメラのうまい人間（専属のカメラマンはいないのだ。地方のタウン雑誌というのは、そんなもんだ）をあれこれと頭に思い浮かべて、（ハバちゃんとは最近呑んでないから、逮捕の日程が決まったら、その前日に家に来てもらって、ふたりでジンギスカンでもして酒呑んで泊まってもらって、翌朝、逮捕の時に撮影してもらう、というスケジュールでいいな。息子たちも最近ハバちゃんに会ってないから、喜ぶだろうな。ハバちゃんもきっとびっくりするだろうな。息子たちが大きくなったから）などとアレコレ考え始めたのだった。

そこでふと、重要なことに気付いたのだ。「締め切り」問題、これである。この記事自体は、別に季節が問題になるわけではないから、何月号に載せることになっても、それはそれで構わない。しかし、雑誌の締め切り期間と俺の刑務所入所が重なると、これはエライことになる。俺は雑誌の中でそれほど重要な仕事をしているわけではないけれども、社員全員が連日徹夜態勢になる締め切り期間に、たとえ数日ではあっても戦力がひとり欠ける、というのは大問題で、なんとしてもこの時期は避けなければならない。

「ええと、それで……あのですね、刑務所に入る日程、というのは、前もってこちらから指定できるんでしょうか？」

「なにぃ……？」

「いえ、実は、さっきも申し上げましたが、月刊雑誌なもんですから、締め切り前はとても忙しいんですよ。ですから、できたら、その時期をはずして受刑したいんですが」

「アヅマさん、あのねぇ、そんな、あなたの都合に合わせて刑務所に入れる、なんてことを、こっちが手間かけるワケ、ないでしょうが」

「いえ、別に、そちらにお手数をかける、というのではなしにですね、たとえば、『絶対反則金は払いません、刑務所に入れてください』と宣言してから、何日後に入所する、というようなシステムがあるんでしたら、それに合わせて、僕、締め切り期間を外して入所できるように宣言しよう、とか考えてるんですけどぉ……」

今になって思い返してみると、この時の俺は、我ながらナサケナイ、と思う。甘ったれてるというか、世間をなめてる、というか。こういうフヤケタ男が、世界をどんどん悪くしているのだ。反省します。

それはさておき、オジサンは、「そんなスケジュールとかシステムとかはない。こっちの作業の流れで、適当と判断した時期に、一方的に刑務所に入れるだけだ」と言い、俺はやはり雑誌の同僚たちに迷惑をかけたくないし、どうしようかな、とうろちょろ考えていたら、

「まぁまぁ、冗談は冗談として、アヅマさん、おもしろいユニークな発想だ、と。傑作だ、と。そう思うけどね、ここはひとつ、すっぱりと反則金払って、いっぺんカタぁ付けなさいよ」

などと穏やかに提案されて、この時は、そのまま「そうですね」ということになってしまったのだった。

これは、非常に残念な出来事として、俺の人生の中に刻み込まれていた。だから、TS50で時速四十八キロ出していて停められた時、俺は再び訪れたチャンスに有頂天になったのだった。前回と違って、今は俺は晴れて無職の身だ。「同僚」たちの仕事の進行を心配する必要はない。俺ひとりの興味で、心行くまで刑務所に入れる。

（今回は、絶対に失敗しないぞ）

俺は、固く心に誓ったのだった。

●新たな挑戦

今回は失敗せずに刑務所に入ろう。そう決心した俺は、入所を確実なものとするために、綿密な計画を立てた。綿密な計画とは、こうだ。

反則金の督促の電話がきたら、「払います、払います」と答えて、そのまま無視する。とにかく無視する。

これ以上に綿密な計画があるだろうか。

ご存知のように、交通違反では、違反を素直に認めれば、まず青キップが切られる。この段階では、払うお金は「反則金」で、交通違反も「犯罪」ではなくて、「違反」ということになっている（法律的にはもっと複雑なんだろうけど、まぁ要するに、こんな感じだ）。で、その「反則金」を払わないでいると、札幌の場合は、「札幌区検察庁交通分室」から呼び出しがくる。で、名前を呼ばれたり「はいはい」と答えているうちに、とても簡単な裁判が行なわれて終了したことになり、素直に相手の言うことを認めていると、赤キップを渡される。その赤キップを見ると、さっき「はいはい」と答えていた時、実はあれが裁判で、自分は「被告人」だったのだ、ということがわかる。そして「略式命令」という判決が出て、「反則金」が「罰金」に変わった、ということがわかる。

赤キップの裏には、ちゃんと事件名、被告人の氏名・年齢・職業・住居・本籍・裁判の判決の主文・罪となるべき事実・適用法令、なんてのが書いてあって、本格的な命令書だ。俺の場合は、

（い）事件名　道路交通法違反（ろ）被告人の氏名、年齢、職業、住居、本籍　表記（1）のとおり。（は）裁判　○主文　被告人を罰金7000円に処する。これを完納することができないときは金2000円を1日に換算した期間（端数が生じたときは、これを1日に換算する。）被告人を労役場に留置する。第1項の金額を仮に納付することを命じる　○罪となるべき事実　被告人にかかる表記（2）、（3）、（4）、（5）記載の事実　○適用法令表記（5）記載の罰条　刑法18条　罰金等臨時措置法2条　刑訴法348条

と書いてあって、とにかく本格的だ。読んでるぶんには、「裁判を受けたな」という充実感が味わえるが、残念なことに、これらは全部印刷されている文字で、唯一「7000」のところがスタンプを捺《お》してあるのが、印刷文字以外の、人間の手仕事の香りが微かに（だってスタンプだもの）漂っている部分だ。要するに、最初に切られた青キップとセットになっ

ているキップで、一綴りの束になっているんだろうな。そう言えば、表に書かれた（つまり、判決文中の「表記の」というヤツだ）住所・氏名そのほかは、青キップとそっくりそのままだ。最初にキップを切った警察のオジサンの字が、この赤キップに複写されているわけね。

まぁ、そんな簡単な裁判ではあるけれども、この判決主文の意味は非常に大切だ。「完納することができない場合は」「被告人を労役場に留置する」と明記してあるからだ。

この段階までは、比較的容易に到達することができる。「反則金」の督促状などを無視して、ずっと払わずにいれば、数カ月でこの赤キップをもらうことができる。だがしかし、ここで油断してはいけない。いくら「労役場に留置する」と明記してあっても、実際に刑務所にこぎつけるまでには、まだまだ大変なのだ。そしてまた、ここで「実は刑務所に入りたい」などとこちらのネライを明かしてしまえば、テキはさまざまな手段を駆使して、刑務所入りを妨害してくる。これは前回の経験で明らかだ。だから、この段階では、自分の決意を隠しておかなければならない。

で、赤キップをもらったら、すぐにそのままこのキップを持って徴収窓口④へ行って罰金を現金で納付することになっているんだが、そして、前回はここで相手の誘いに乗って窓口④で払ってしまったんだが、当然ここで、俺は払わずに、赤キップを大切にポケットに保管して、そのまま帰って来たわけだ。

　ここで、なにが大切かというと、相手を後戻りできない地点まで引きずり出す、あるいは追い詰める、ということだ。このツメが甘いと、後で大きな失敗をすることになる。あまり早い段階で「刑務所に入りたい」と希望を述べると、なにしろ検察は、それがどんなに真面目で切実な希望であれ、「冗談」だと思って、阻止しようとするらしい。だから、ここで早まらずに、じっくりと対応することが肝心だ。

　赤キップを持って、そのまま帰ってくると、しばらくしてから札幌区検察庁検察事務官から督促の電話がひんぴんとかかってくるようになる。この口調とか、話のもって行き方は、わりと穏やかなサラ金の督促電話のようで、趣がある。俺はサラ金からお金を借りたことはないが、サラ金を取材したことがあって、その時脇で聞いた督促電話の独特の口調は覚えている。それとそっくり同じなのだ。

「あ、もしもしぃ。あのねぇ、私ねぇ、検察のサトウと言いますがねぇ、アヅマさん、というのは、オタク?」

「あ、はい、そうです」

　ちょっとオドオドした口調で答えるのが望ましい、と思う。

「あ、そう。いや、あのねぇ、オタク、先月、昨年十一月の速度超過で略式命令受けてるよね」

「ああ、はい。ええ、そうです」

「で、その罰金なんだけど、まだ納めてないよね」

「ええ、はい。ええ。その件、わかってます」

「そう？　それならいいけど。あれかな？　命令に不服があるとか、そういうことなんだろうか？」

「いえ、そんなことはないです。確かに、スピード違反、しました。ただ、ちょっと、今苦しくて……」

「ああ、なるほど。まぁね、そういうこともあるけどね。したら、そうだな、いつごろ、払えるだろ？」

「ええと……ちょっと待ってくださいね……そうだな、今月の末には、なんとか……」

「あ、そう。今月の末ね。何日頃かなぁ？」

「あ、はい。あのう、ええと、三十日までには、なんとか」

「三十日ね。そうですか。わかりました。じゃ、三十日までに、必ず、納めてよ」

「はい、わかりました。お手数かけて、申し訳ありません」

　こんな調子で、督促電話にオドオドと対応していると、そのうちに相手の声が段々険しくなってくる。

「まぁだ、納めてないよね」

「ええ、そうなんです。……今、ちょっとその……」

「まぁねぇ、いろんな事情があるだろうけど、あれだよ、延ばし延ばししてると、労役場留置、ということになるよ。刑務所にね、入ってもらってね、罰金分、働いてもらうの。そんなことになっちゃうよ」

「はぁ……それは、わかってるんですけど、それが、今ちょっとユトリがなくて……」

「誰かに借りられないの？　実家は？　札幌？」

「はぁ、まぁ、そうなんですが、いろいろと……」

「まぁ、オタクさんの事情はいいんだけどさ、ホントに、延ばし延ばししてると、刑務所に入ることになっちゃうよ。それはいやでしょう、やっぱり」

「ええ、それは」

と、ニコニコ笑いながら、恐縮した口調で答えるわけである。ここで、相手の口から「刑務所」という言葉が出ても、安心してはいけない。とにかく、検察は、刑務所に入れたくない、という事実を忘れてはいけない。担当検察事務官が「刑務所に入れるよ」と言ったくらいで、念願の刑務所に入れるほど、世の中は甘くないのだ。まず、きちんとした文書をもらうことが必要だ。電話の話なら、そんなことは言わなかったと逃げられるが、文書なら、ちゃんとした証拠になる。そのためには、申し訳ないけれども、この担当検察事務官の方を、ちょっと怒らせる必要があるわけだ。

しかし、怒らせる、といっても別になにかをしたり、口汚く罵ったりする必要はない。ただ、ひたすら、督促電話に「ええ、申し訳ありません……今月末には、必ず……」と情ない声で答え、謝り、そしてそれっきり無視すればいいだけだ。

やはり、検察事務官も人の子。無視されると、怒る。しかも、「申し訳ありません」と素直に謝り、「月末には必ず」と約束して、そして無視するのだから、怒るのも無理はない。督促状が何通もくる。督促状には、早く納めろ、という趣旨の文章が書いてあって、×月×日までに納めないと、「労役場に留置する」と書いてある。だがしかし、ここでもまだ安心してはいけない。もっと、後戻りできない地点まで、検察をおびき出さなければならないのだ。

そして、違反してからほぼ半年後のある日に届いた督促状には、いつも通りの文面の横に、手書きで「労役場留置とは、刑務所に入ることです」としっかりと書き込んであったのだ。

もう大丈夫だろう、と俺は判断した。これで、ちゃんと刑務所に入れるだろう。どんなに検察が抵抗したって、ここにはっきりと刑務所に入れる、と書いたからには、もう検察は逃げられないだろう。俺はそう判断した。

翌日、担当検察事務官から電話が来た。すっかり聞き慣れた声で言う。

「どうかなぁ、アヅマさん、また督促状が行ったと思うんだけど」

「はぁ、いただきました」

「あのねぇ、こっちは冗談でやってるんじゃないからねぇ、本当に、延ばし延ばしにしてると、労役場留置、ということになりますよ」

「ええ、確かにそう書いてありますね。それで、お願いなんですが、実は僕、刑務所に入ってみたいんですよ」

「あ？　……なんだってぇ……」

「それで、刑務所に入りますから、その手続きの方、お願いします」

「いや、あの……あのねぇ、ちょっと待ってよ……あのねぇ、そういう問題じゃないでしょう？」

「とにかく、罰金を払わずに、刑務所に入ることにしました。で、僕はどうすればいいですか？」

「あのねぇ、……あのねぇ、……ちょっと待って、また明日電話するわ」

電話は慌ただしく切れた。

俺は、嬉しくてニコニコした。これで、やっと刑務所が体験できる。そう確信していたのだ。

だが、俺はまだまだ甘かった。

検察の抵抗は、なかなかしぶとくて手ごわかったのだ。

●検察事務官の抵抗

翌日、サトウさんから電話が来た。ちょっとオドオドしたような口調で、丁寧に話すようになっていた。

「あのう、したらね、アヅマさんね、ちょっとお話を伺うから、こっち来てもらえないだろうか？」

「ええ、はい。伺います。やはり、いきなり逮捕してもらうワケにもいかないでしょうしね」

「いや、あのぅ……でね、私でなく、イガラシっちゅう者が担当ですから。地検徴収係に来てください」

「何時に伺えばいいですか？」

「ええとねぇ……逆に、アヅマさんは何時がいいんだろ。こっちは、そちらに合わせますよ」

「それじゃ、昼過ぎ……そうだな、午後二時に伺います」

「午後二時ね。わかりました。じゃ、私でなく、イガラシの方に、お願いしますわ」

「はい、わかりました。で、それからすぐに刑務所ですか？」

そう話がうまく運ぶことはないだろう、とは思ったが、一応そう言ってみた。サトウさんはそれには取り合わず、「それじゃ、お待ちしてます」と言って電話を切った。


翌日の午後二時、俺は胸躍らせて地検徴収係に行き、イガラシさんと会った。イガラシさんを一目見た瞬間、俺は地検の戦略を理解した。検察は、やはりバカではない。なぜサトウさんからイガラシさんに替わったのか、微かに感じていた疑問の解答が目の前にあった。

イガラシさんは、好青年で、非常にマジメそうに見える、ひと言で言えば「とてもいい人」だったのだ。この「いい人」が、刑務所への道に横たわっている。俺は、刑務所へ入るためには、このいい人を踏みつけなければならないらしい。これは、とても辛いことだった。そして、人間をこんな過酷な状況に追いやろうとする検察に、俺は激しい怒りを禁じ得なかった。なんちゃって。

「あ、どうも。アヅマです。刑務所に入りたいので、手続きの方、よろしくお願いいたします」

イガラシさんは、端正な顔立ちに微かな困惑の表情を浮かべ、言った。

「やっぱり、そうですか」

声や口調は、その人間の人柄を端的に表す場合がある。で、イガラシさんの口調は、とても穏やかで、誠意に満ちていた。俺は、サトウさんの、サラ金っぽい口調を思い出して、懐かしくなった。サトウさんなら、怒らせることができる。彼を怒らせても、別に悲しくもなんともない。サトウさん自身も、なんとなく怒らせられれ（動詞の活用はこれでいいか？）慣れている、という感じがする。しかし、この温厚らしい、真面目な青年を怒らせるのは、いささか辛い。

しかし、心を鬼にして、頑張らなければならない。獅子は、己の子供を崖に突き落とすという。星一徹は、飛雄馬に大リーグボール養成ギブスをつけた。存在者は、自己の目的実現のためには心を鬼にしなければならない場合もあるのだ。（負けるなよ）と俺は自分に言い聞かせた。

（入所を勝ち取るまでは、どんなそしりでも受けよう。どんな非難も甘受しよう。イガラシさんを怒らせることになっても、くじけてはいけない）

「それでですね、アヅマさん……ええと、……つまり、検察は、絶対にアヅマさんを刑務所に入れることはありませんよ」

　イガラシさんは穏やかな顔に困ったような雰囲気を漂わせながら、言った。

「え？　刑務所に入れない？」

「ええ。断言できます」

「でも、なぜですか？」

「つまり、刑務所に入りたい、と言って敢えて反則金を払わない人をですね、その人の希望に沿って刑務所に入れる、ということはありえない、ということです」

「でも、それじゃ……いいですか、私、葉書を持ってきてるんですよ。これは地検から送られてきた督促状です。ほら、サトウさんのハンコが捺してある。これに、ちゃんと書いてありますよ。『払わない場合は労役場に留置します』って。そして、こっちにはサトウさんの手書きで、『労役場留置とは、刑務所に入って働くことです』と書いてありますよ。ほら、ここに。それに、この赤キップ見てください。ね、判決の主文にも労役場留置と、はっきり書いてありますよ」

　俺は一気にまくし立てた。どう考えても、俺の言い分は正当だ。法律は俺の味方だ。法律は、はっきりと俺の刑務所入所を正当だ、と保証してくれているのだ。検察が法律に逆らってどうする。

「いや、それは確かにおっしゃる通りですが……つまり、こういうことです」

イガラシさんの口調は、あくまで穏やかだ。困惑しながらも、誠意を持って話しているのが伝わってくる。

「つまりですね、アヅマさん。罰金、というのは経済刑です。一方、刑務所に入る、というのはこれは自由刑、というか身体刑でして、経済刑と身体刑は、これは相容れないものなんですね」

なに？　俺は、検察がガクモンで攻めてくるとは思わなかった。学問でこられると、俺はちょっと弱い。法学概論では確か「優」をもらった記憶がある。だが、あれは離婚に関しての判決（有責配偶者の離婚請求事件、俗に法律専門家の間で〈ふんだりけったり判決〉と呼ばれているケースだ）に俺は感情的に怒り狂い、試験の答案にその怒りをぶつけただけだったのだ。それで「優」をもらったんだが、実はその教授は採点がカラいことで有名で、「優」を取ったのは本当に珍しい、ということを後で知った。すると、なぜ俺に「優」をくれたのかが謎だが、推測だが、きっとあの教授は、奥さんと離婚したくて感情的になっていたのではないか、と思う。

で、つまりどういうことかというと、俺が法学に関して知っていることは、唯一〈ふんだりけったり判決〉しかないのだ。ああ、憲法概論みたいなものも習ったが、これは「可」だったし、あまり講義に出なかったたし、講義で覚えているのは、「表現の自由」に関して教授が「私もニューヨークに行った時にはハード・コアのポルノとかライブ・ショーとかを見たが、あれは何度か見れば飽きるものだ」と言った、そのことだけだ。

つまり、俺が「法律」という言葉で思い出すのは、〈ふんだりけったり判決〉と「ハード・コア・ポルノやライブ・ショーは飽きる」ということだけなのだ。そんな貧弱な知識でもって、どうやら法学には詳しいらしい検察事務官のイガラシさんに立ち向かえるだろうか。俺は一瞬、不安になった。もっと技量を高めておくべきだったのではないか。少なくとも、日本国憲法前文くらいは暗記しておくべきではなかったか。

しかし、弱気になったのは一瞬だけだ。とにかくこっちには、督促状がある。それに、判決主文もある。はっきりと、労役場に留置する、と書いてあるのだ。

「なるほど。まぁ、その経済刑と身体刑の区別、というようなことは、僕はよくわかりませんが、でも、ここにはっきりと書いてあるじゃないですか。罰金を払わなければ、刑務所に入れる、と。で、僕は罰金を払いません。だから、刑務所に入れてください」

これほど論理的整合性に貫かれたセリフを発言する機会はなかなかないだろう、と思う。

イガラシさんは弱々しく溜息をついた。それから、椅子に座り直した。

「ですが、検察は、絶対にアヅマさんを刑務所に入れることはありませんよ」

「じゃ、僕が罰金を払わなければ、このまま、ということですか？　時効になるまで？　そりゃモウケタなぁ」

「いえ、そういうことではなくて、検察は絶対にアヅマさんを刑務所に入れませんから、だから罰金を払わない、というアヅマさんの行為は無駄なんです。ですから、罰金は払ってください」

俺は法学の知識はないし、論理学は「不可」だったから、あまり物を考えるのは得意ではない。だがしかし、この時は、イガラシさんのセリフが実はメチャクチャであることが理解できた。心底同情したくなるほど、イガラシさんの立場は悪い。そして、俺は圧倒的に有利な状況にあるらしい。

「いいですか、アヅマさん。確かに、自ら希望して刑務所に入る人たちはいます。働くのが嫌で、刑務所に入りたくて無銭飲食をした、というような事件がたまに新聞に載ってますね。しかし、それはあくまで特殊な例であって、普通は、やっぱり、刑務所には入りたくないわけですよ」

「人は人、自分は自分、です」

「………我々検察事務官は、検事の指揮に従って任務を遂行しているわけですが、……ねぇ、アヅマさん、私、こんなことを検事に報告するわけにはいかないんです。私がバカだと思われてしまいます」

「それは、本当にお気の毒だと思うし、申し訳ないとも思いますが、とにかく僕は刑務所に入ります」

「検察は、絶対に刑務所に入れませんよ。ですから、罰金を払ってください」

「いえ、申し訳ないんですけど、払いません」

　とにかく、貧乏な俺にとって、お金を払うよりは、払わない方がずっと楽だ。そして、その楽な道を選べば希望通り刑務所に入れるのだから、俺としてはこんなに楽なことはない。

「アヅマさん、刑務所は、……たいへん辛いところだそうですよ。もちろん、私も入ったことはありませんが、そんな話を聞きます。罰金刑を言い渡されて、それを払えずに刑務所に入る、という例はないわけではありません。でも、いったんは刑務所に入ったものの、やはり辛くて、親戚や知人に罰金の残りを払ってもらって出所する、というのが普通らしいですね。それに、一度入ったら、もう二度と入りたくない、と真剣に思うそうです。それほど、刑務所はイヤなところらしいですね。……ですから、もしも取材、というお気持ちがあるのなら、私が、知っている範囲で、刑務所の中のことをお話しますから、体験取材というのはナシにして、罰金を払っていただけませんか？」

「でも、なにしろたった四泊五日ですからね。我慢できると思うんですよ」

「いやぁ……たいへんらしいですよ。……ですから……」

「でも、今のお話を伺うと、一度入ってから罰金を払って出ることもできるわけですよね。それなら、とにかく一泊だけでもしてみたいですね」

俺たちはしばらく無言で見詰め合った。イガラシさんは、静かに、だが確実に怒っているらしい。俺は本当に申し訳ない、と思った。だがしかし、とにかく刑務所に入るためだ。俺の決心には、いささかの揺るぎもない。

このまま話しても、水かけ論に終始してしまう、ということがお互いにわかった。イガラシさんは渋々頷いた。いよいよ刑務所入りか、と俺は喜んだが、検察はなかなかしぶとかった。

「わかりました。とにかく、お話はわかりました。一応、それではこれを検事に報告します。そして、今後どう対応すべきかの指示を仰ぎますので、今日のところは、これで。改めてお電話いたします」

「わかりました。ご連絡お待ちしております」

「とにかく、刑務所には絶対に入れませんよ」

「僕も、罰金は絶対に払いません」

●駆け引き

その次にイガラシさんと会った時、検察はいきなり変化技を出してきた。

「どうですか、アヅマさん。やはり、罰金は払っていただけませんか？」

「ええ。刑務所に入れてください」

「そうですか。……それでは、強制執行をします」

「え？　強制執行？　つまり、差し押さえ？」

「ええ。そうです」

「七千円の？」

「……ええ。そうです」

俺はいきなり目の前が真っ暗になった。どうやら、検察は本気で俺の刑務所入所を妨害しようとしているらしい。だがしかし、法律的な根拠はどうなっているんだろう。これは正当な処置なのか？　少なくとも、判決主文には罰金を完納できない場合は労役場留置と明記してあって、強制執行のことなんか書いてないぞ。

俺は一瞬、その方針で、つまり法律論で、この強制執行処分の正当性を争おうか、と考えた。しかし、それは得策ではないだろう。俺は法律には詳しくない。検察が強制執行という方針を出してきたのは、それなりに法律的根拠があるのかもしれない。自分が得意ではない分野で争うのは、不利だ。だとすれば、どうすればいい？　どう考えても、強制執行は刑務所よりもおもしろくないような気がする。友だちと酒を呑んでいて、「俺、この前、おもしろ半分に刑務所に入ってみたんだ」という話をすると座が盛り上がるだろうけど、「俺、この前、おもしろ半分に強制執行されたんだ」というのはおもしろくもなんともない。

だとすれば、どうすればいい？　せっかくここまで頑張ったのに。

俺の新たな方針はすぐに出た。こういう時、こういう時に限って、俺の頭はスピーディに働くのだ。

検察がなぜ俺を刑務所に入れてくれないか。それはつまり、俺が刑務所に入りたがっているからだ。検察は、相手の希望をかなえるのがイヤなのだ。それならば、強制執行という変化技を封じるためには、強制執行を本気で喜べばいい、ということになる。

「そうかぁ！　強制執行かぁ！　そりゃ楽しみだなぁ！　刑務所に入れないのは残念だけど、強制執行されるってのも、おもしろそうですね。こりゃいいぞ！　いっぺん、差し押さえを受けるのも夢だったんです！」

俺は心底喜んでる表情で、明るく朗らかに言った。イガラシさんの表情が微妙に変化した。

「強制執行の時は、前もって通知があるんでしょうね。やっぱり、何月何日の何時に執行を開始する、とかいうような。じゃ、その時は必ず家にいるようにして、僕、写真を撮りまくりますよ」

「それは……」

「構いませんよね。僕の家の中なんだから。執行官の人と、並んで記念写真も撮ろうかな。いろいろとインタビューさせてもらいますよ」

　俺にはもうひとつ計算があった。

　乏しい知識で、正確ではないかも知れないが、強制執行官、昔は執達吏《しったつり》と呼んだのかな、この人たちは、確か検察の職員ではなくて、嘱託だ、という話を読んだ記憶がある。鍵を壊して他人の住居に入ることができる、というなかなかカッコいい権利、というか職権を持った人々だが、多くは公務員ＯＢの人たちで、常勤ではなくて、強制執行を一件ずつ請け負うわけだ。アルバイトの感覚だろうな。で、報酬は、執行した件の半額。これは、借金取立の手数料と同じでリアリティがある。で、たとえば一件二万円の強制執行で報酬は一万円、全然儲からない仕事のような感じもするが、なかには数億円の山の差し押さえ、なんてのもあるだろうから、その時にも半額の報酬が入る。物件によっては非常にウマミがある仕事らしい。

　さて、彼らが俺の差し押さえを依頼された時、どういう反応を示すだろうか。七千円。執行官の取り分は三千五百円。交通費と昼食代でちょっとお釣りが出る、ゴクロウサン、というようなケースだ。いったい誰が引き受けようと考えるだろうか。しかも、俺は大喜びで待ちかまえていて、写真をバシバシ撮りまくるつもりだし、インタビューなんかもしちゃおうと考えているわけだ。誰がこんな仕事を請け負おうなどと考えるか。おそらく、そんな奇特な執行官はいないのでないか、と思うわけだ。

　となれば、検察の強制執行作戦は不発に終わる。で、俺は刑務所に入れる、というワケだ。そのためにも、俺はこの強制執行を派手なイベントにして、マトモな執行官なら敬遠するようなものにしようと考えた。

「そうかぁ……強制執行されるかぁ……普通、希望してもできないもんですからね。これはなかなか経験できないもんですよね。しかも、七千円の差し押さえなんて、珍しいですよね。よく知らないけど。こりゃぁいいや。そうだ、いい機会だから、当日は仲間を集めて記念パーティなんかを開こうかな。そこに執行官の方がいらっしゃって、ワァッと盛り上がるわけです。これはグッド・アイデアですね」

　イガラシさんは、すでに無言の状態になっていた。

「ところで、七千円分の強制執行というと、どんなものを持って行かれるんでしょうか？」

「さぁ。それは、執行官の裁量ですから、私はわかりません」

イガラシさんは、強張った表情で答えた。

「そうですか。なるほど。わかりました。じゃ、強制執行の日程が決まったら、ご連絡ください。私も準備してお待ちしてます。……あ、そうだ！　ビデオ・カメラを持ってるやつがいるんで、一部始終を撮影しますよ。こりゃいいなぁ。これから家で宴会する時には、最大のアトラクションになりますね。イガラシさんも見に来ませんか？」

●貴意に沿う

数日後、地検からまた督促状が届いた。何度も見た同じ文面で、罰金七千円を至急払え、払わない場合は、とあって、そこに書いてあった「**労役場に留置します**」という印刷文字を線で消して「**強制執行します**」と手書きの文字が書き込んであった。

俺は残念だった。がっかりした。刑務所入所作戦もこれで終わったか、と思った。どうやら、正式に強制執行が決定したらしい。あとは、数日後にでも、差し押さえの日程決定の通知がきて、それでこの一連の出来事も終わりを告げるのだろう。強制執行官の業務をビデオで撮影するのは確かにおもしろいが、それは結局、甘いレモンにすぎない。俺はやっぱり、刑務所に入りたかったのに。七千円の差し押さえでケリがついてしまうわけだ。「七千円の差し押さえ」という言葉はおもしろいが、やはり刑務所にはかなわないよな。

俺の落胆は、思いのほか大きかった。挫折、という昔の流行語の本質をつかんだような気になった。

そんな不景気な気分で数日を過ごしたが、「差し押さえのお知らせ」というような通知は全然届かない。再び希望が湧いてきた。やはり、七千円の差し押さえを請け負うようなのんびりとした執行官はいないのではないか。とすると、強制執行は不可能だから、俺は晴れて正式に刑務所に入ることができるかもしれない。

そんな希望に満ちた日々が数週間続いた。そして、いきなり地検から封書が届いた。この文書は、後に述べるような事情で地検に取り上げられちゃったので（コピーを取らなかったことが悔やまれる）正確に書くことはできないが、「あんたを刑務所に入れるよ。だから九月五日の十時に、地検徴収係においで」というようなことが役所言葉で書いてあった。しかも、丁寧なことに、脇の余白に、とてもキチョウメンな字で「**検討の結果、貴意に沿う形で処理することになりました**」とイガラシさんの手書きのコメントが書いてあったのだ。とても丁寧で、真面目な、いい人だ。

俺は、心の底から喜んだ。

「地検が、とうとう『貴意に沿』ってくれちゃった！　今までの苦労は無駄ではなかった」

俺の喜びはまぎれもない真実だったが、この時突然、「刑務所に監禁される」ということが現実のものとして迫ってきて、俺はなんとなくミゾオチが冷たくなるような感覚を味わいもしたのだ。

●周囲の反応

まだ刑務所入りが確実ではなかった頃、つまり、もしかすると検察が強制執行で逃げるかもしれない、と気を揉んでいた頃、俺はある取材のつながりで、美人弁護士と話をする機会があった。取材が終わってから雑談になり、俺は自分の刑務所入所作戦の話をしてみた。

「どうでしょうか。こういう流れなんですけど、やっぱり刑務所には入れないんでしょうか？」

美人弁護士はちょっと考えてから、「やっぱりムリだと思う」と言った。

「そうですか。ムリなのか……」

俺は心底がっかりして呟いた。

「ええ。検察局は、そんなフザケタ人をマジメに刑務所には入れたりしないと思うわ」

「残念だなぁ……せっかく、確実に入ろうと思っていろいろ頑張ったのに」

「そうね……でも、聞いた範囲で判断すると、やっぱりアヅマさんは作戦を間違えたと思うわ」

「え？　そうですか？　僕はどこで間違ったんでしょう？」

「赤キップの出頭命令に従ったのがまずかったのよ。それで結局、相手に手の内を見せることになったワケよね」

「ええ、まぁ。それはそうですけどね、手の内を見せないで引っ張るのはフェアじゃないかな、と思って……」

「甘いわ」

　美人弁護士はきっぱりと言い切った。

「やっぱり……」

「出頭命令を断固無視してれば、そのうちに確実に逮捕されて刑務所入りすることができたのに。まぁ、相当な時間はかかるだろうけど、これならバッチリ確実に刑務所に入れるわ。それに、なにしろ逮捕されるんだから、本格的よ。やっぱり、どうせ刑務所に入るんなら、逮捕から経験しなかったら、ちょっとイマイチじゃない？」

　この弁護士さんは、なかなか知的な美人なのだが、なかなか大胆なことを言うのだ。ここまで俺の意図を理解した反応というのは珍しかった。

そこで俺は、差し押さえを受けることになったら、どれくらいのものを取り上げられるのかを尋ねてみた。実は俺には、ちょっとした計算があったのだ。

この時から遡る数年前、俺はまだ発展途上の自分の小説を集めて、短編集を自費出版したことがあった。当然ながらまったく注目を集めずに反響もなく、印刷した本のほとんどは、まだ俺の部屋に残っている。一冊二千円だから、これを四冊渡せば千円お釣りをもらえるかもしれない。と、まさかそんなことを本気で考えていたわけではないが、しかし俺の本は確かに定価二千円と書いてあるのだから、これを四冊で釣り合いが取れるのではないか、とも思い、一方で、この本を古本屋に持って行ってもおそらく二束三文だろうから、ダメだろう、とも思い、どれくらいの経済的な損害を被るのかがちょっと心配だったのだ。

弁護士さんは、ちょっと考え込んでから、こう言った。

「モノの相場がよくわからないから、ちょっと正確な答えは難しいな。でも、とにかく、私たちが持っているモノって、いざ売る段になると、本当に二束三文なのね。それはもうびっくりするくらいよ。そうだな……テレビで、普通五千円くらい。テレビにもいろいろあるけど、まぁ、だいたい数千円、というレベルね」

これには驚いた。これは痛い。テレビで五千円ということは、俺のケースの場合、テレビを取り上げられてもまだ足りない、ということになる。テレビとビデオ・デッキでやっと間に合う、というところだろうか。とすると、これはやっぱりテレビとビデオがなくなると子供たちは自分の家の貧困、自分の父親の生活力の乏しさ、などを実感してワイワイ騒ぐだろうから、中古であってもとにかくテレビとビデオを購入しなければならない。ここで、「テレビなど見ているとバカになる！」とか怒鳴って、その勢いで子供の貧困疑惑を叩き潰してテレビ購入費を浮かし、テレビのない教育的な生活に突入する、という便法もあるが、どうも俺はそういうセリフを口にするのが恥ずかしい。

ということで、つまり七千円の差し押さえを受けると、結果として俺は十万円前後の出費を必要とすることになると気付き、俺は検察の悪魔のごとき狡猾《こうかつ》さと悪意の深さを思い知った。

（刑務所に入れずに、差し押さえをする、というのはそういう意図だったのか！）

（検察おそるべし！）

そういう俺の、経済的基盤の弱さからくる落胆を察したのか、弁護士さんはこう言って元気づけてくれた。

「でも、まだがっかりするのは早いわ。アヅマさんの言う通り、こんな零細な差し押さえを引き受ける執行官が、そう簡単に見つかるとも思えないし。もしかすると、無事に刑務所に入れて、メデタシ、メデタシ、ということになるかもしれないわ。諦めるのは、まだ早いわよ」

どこまで行っても、俺の意図を正確に理解した反応を見せてくれる弁護士さんなのであった。

こういう、深い理解に満ちた反応はやはり珍しかった。正式に刑務所入りが決まった後、俺が「俺さぁ、今度ね、九月五日からさ、四泊五日で札幌刑務所に入るんだ」と話すと、周りの多くの連中は、「えー!?」という声を、それぞれ、いかにもそいつらしい表情とともに口から出した。そしてその表情は、多くの場合「タイヘンだ」という顔つきで、つまり俺が罰金が払えないから、しかたなく刑務所に入る、と思い込んでいるらしいことが明らかだった。俺は、そうではないこと、好奇心とか、あるいはいっそ、酔狂で刑務所に入るのだ、と丁寧に説明してやったが、ほぼ四分の三の連中は話がピンとこないらしくて、片付かない顔つきで「金、貸してやろうか?」などと言う。

で、一方、残りの四分の一は、いきなりイキイキした顔になる連中だった。心底おもしろがっているのがはっきりとわかるヤジ馬顔になって、座が盛り上がった。

ただ、そいつらも、「それで、家族はなんて言ってる?」「奥さん、なんて言ってる?」と、その点は、一般市民と同様の心の動きを見せた。結構常識的な連中だ。

とはいうものの、実はこの「家庭問題」は、大きな障害のひとつだった。俺は、二世代住宅に、俺の両親（ともに六十代の、常識的な一般市民）と、三人の男の子（当時は一番上が確か小学校一年生だった）と、それから戸籍上の配偶者（一般的には「妻」と呼ばれる女性）と住んでいる。で、俺は最もトレンディな家庭生活を生きているので、つまり家庭内離婚という夫婦関係なので、実際には知り合いたちが心配してくれる「奥さん、なんて言ってる？」の問題はどうでもよかった。「九月五日から刑務所に入る」というメモをカウンターの上に置いただけだ。向こうがなにをどう思ったかは、俺にとってはどうでもいいことだ。

だが、子供たちと両親に関しては、正直な話、迷った。彼らに、「おもしろ半分で刑務所に入る」ということの意味（あるいは無意味）が理解できるとは思えない。子供たちは「お父さんがワルモノになってロウヤに入れられた」と思うだろう。これは事実だから（50ccバイクで四十八キロ出していたワルモノであることには変わりないから）しかたないとしても、汚職や横領や強盗や殺人とは、ほんのちょっと微妙に違うこの味わいを理解されずに、ひとからげに「ワルモノ」と思われるのは、父親としてはいささか辛い。

また、もっと困るのは両親で、このふたりがどれほど一般市民であるかというと、大学中退を決めた俺の前で、母親が泣き出して、父親がそれを目を潤ませながら慰めた、という一シーンを思い出すだけで足りる。大学中退で泣くんだから、刑務所服役となればどんな事態が勃発するか。想像するだに背筋が寒くなるものがある。両親がグレたらどうしよう。今までタバコを吸ったことがない母親が、この件でショックを受けて喫煙を始めたり、「どうせ私の息子は囚人だ」などとヒネクレて、初老の人にはふさわしくない華美な服装に身を包み、盛り場徘徊などして万引きして補導されたらどうするか。

そんなことをいろいろと考えた挙げ句、息子たちと両親には「出張して、泊まり掛けの取材をする」と話すことにした。よく注意してこの「　」内の文章を読んでもらいたい。ここには、ひとカケラのウソも混じっていない。正真正銘徹頭徹尾の真実であることが理解できるだろう。人間は、とにかく真実に忠実であらねばならないのだ。

でまぁ、この「家族はなんて言ってる?」という反応の次に多かったのは、「俺も（私も）牢屋に入ったことがある」という言葉で、これにはいささか驚いた。世の中には、牢屋に入った経験を持つ人が結構多いらしい。普通は隠しているけれども、目の前に「五日に刑務所に入るんだ」とニコニコ口走る人間が現れたので、「実は俺も……」と口が緩んだのだろう。そしてまた、彼らの話はおおむねおもしろくて、みんな牢屋の中で愉快な経験をしていたことが理解されて、心の中が朗らかになった。

とはいうものの、彼らが入った「牢屋」は拘置所や留置所の類で、つまりは「代用監獄」

と呼ばれる施設だ。酔っ払って倒れていたら交番のトラ箱に入れられた、とか道に落ちていた自転車に乗ってフラフラしてたら不審尋問にひっかかって、逃げたらつかまって留置所に放り込まれた、とか酔っ払って選挙のポスターを剝がしたら通りがかりの警官につかまって、一晩留置所に放り込まれて、翌朝キツく叱られて許してもらったとか、あとはそこらにいくらでも転がっている「学生運動」の時の武勇談で、「牢屋体験」としては、やはり「代用監獄」の限界を感じさせるヤワなものが多かった。

だが、俺が入るのは「代用」抜きの、ホンモノの「監獄」だ。「代用監獄」と「ホンモノ監獄」では、大きな違いがある。南極二号と酒井和歌子さんくらいの違いがある、と言っても過言ではないだろう。俺は、ホンモノを知ることになる男の、重厚なゆとりを感じながら、知り合いたちの「代用」話に、余裕ある温厚な態度で耳を傾けたのだった。

中でひとり、「それは前科になるのか?」と聞いたヤツがいて、俺は一瞬虚をつかれた気分になった。前科のことは考えていなかった。どうやら、やっぱり「おもしろ半分」気分で、モラトリアムなオアソビだ、という感じでいたからだろう。実際問題として、前科を持つことになるかどうかなんてことは頭に浮かばなかった。でも、まぁ、別に「前科者」になっても構わない、という解答が瞬間的に頭に浮かんだ。どうということはない。それにまた、法律の手続きを推測すると、赤キップの判決をもらった段階で、俺は「前科者」になっているような気もする。とすると、俺は「前科二犯」だ。だからといって、別にどうということもないだろう。

「よくはわからないけど、多分、前科になるんじゃないか？　きっと、赤キップをもらった段階で、すでに前科者になってるんだと思うよ」

俺がそう言うと、「じゃ、俺も前科がある」とかいうような言葉が飛び交った。その時、いろんなキャリアを持っているある美女が、「アヅマさん、前科がつくんなら、やめた方がいいと思う。将来、絶対後悔することになるから」と言った。

この美女のキャリアとか交遊関係とかは今ひとつ謎で、このセリフにはちょっとリアリティがあったが、まぁ、いいさ、と俺は気にしないことにした。

「それでさ、アヅマ、やっぱり、写真を撮ってくるんだろ？」

と〈フリー・ライター〉とかをやって食べている〈詩人〉のハタノさんが言った。

「そのつもりなんだけどね。でも、撮影できる場所はあまりないみたいなんだ。入所の時にカメラは取り上げられるらしいし、検察の内部も、許可を受けなけりゃ撮影できないんだ」

「じゃ、俺、お前が刑務所に運ばれるところを撮影してやろうか？　検察の敷地の外から、お前が護送車に乗せられるところとか、門から走り去るところとか、そんな写真なら、撮影できるんじゃないか？　二百ミリで引っ張ったら、結構はっきり撮れるぞ」

「ああ、うん。もしそう頼めたら、嬉しいな。もしホントにそうしてくれるなら、俺、いろんなポーズとるよ。どうも手錠はかけられないような雰囲気なんだけど、もしも手錠腰縄ってことになったら、戸塚弘みたいにキメるからさ。でも、ホントに撮ってくれる？」

「ああ。約束するよ」

「アテにしていいのかな？　どうもハタノさんは、ダラシなくて信用できないからな」

「いや、約束する。絶対撮影してやる。安心して、任せとけ」

俺はとても嬉しくなった。そして、ハタノさんと俺は、当日の行動予定を綿密に打ち合わせた。

第2章　受刑者の道——どうせなるなら模範囚

●地方検察局徴収係の冷えた麦茶

しかし、やっぱりハタノさんは来なかった。検察に行くのが午前十時だったから、九時半に大通公園の十一丁目の北西角で待ち合わせたのに、全然姿を現さない。俺は一瞬、激怒した。「あれほど固く約束したのに！」というワケだ。で、気持ちはどんどんすさんでいって、「だいたい、札幌で『フリー・ライター』で食ってる』なんてヤツは、俺を除いてはロクなモンがいない。無知・無能・無教養の三無主義で、ルーズな連中ばっかりだ。それになにしろ自称『詩人』ときてるから最悪だ。要するに社会のクズだ！」と怒りはとどまるところを知らない。実際、この後しばらくしてハタノさんは膨大な借金を背負って失踪したりするのだが、それはそれとして、この時、俺はハタと気付いた。俺のこの怒りは、どうもヘンだ。この理不尽とも言える、激しい怒りの原因は、なんだろう。なぜ俺は、こんなにプンプン怒りながら、ハタノさんの姿を求めてウロウロと歩き回っているんだ？

そう自分に問いかけてみたら、答えはすぐに出た。そして、俺は愕然としたね。

(俺は恐がっている！)

そのせいで、こんなに怒り、その怒りをハタノさんにぶつけているのだ。そのことを自覚した。

俺は、内心、心細かったのだ。どうもそうらしい。ちょっと腰が引けていたのではないか、という感じがする。一瞬、これから徴収係に行って「全部冗談でした。罰金、払います」と口走って、そして実行してしまいそうな、そんな危険を感じた。

冗談のつもりで、イガラシさんを怒らせているうちは、気楽なもんだった。だがしかし、現実に、「刑務所に監禁される」（いくら志願して、とはいえ）将来が刻々と近付いてくると、ちょっとうろたえる気分になってしまったのだった。

俺はふらふらと歩いて近くにあった〈教育文化会館〉に入った。中では、タイトルは忘れてしまったが、教育と文化の香り高いなにかの催しが開かれていた。この時、俺は突然、自分が前科者で、そしてこれから教育や文化とはとてもかけ離れた場所のように思われる札幌刑務所に入って、自由を拘束されるのだ、と身にしみて実感した。

「俺は、これから刑務所に入る」

この意識は、なかなかハードなものだった。俺はこんなにヤワだったか？　たかが四泊五日の、冗談受刑なのに、これほど動揺するなんて。「見損なったね」という気分だった。

「バカバカしい。イヤなら、恐いのなら、さっさと罰金を払っちまえばいいじゃないか」

自分にそう言い聞かせた。

「どうする?」

その時、突然俺の心は平常に戻った。

「バカヤロウ、こんなおもしれぇこと、見逃せるかよ。あんなに苦労して、やっと入所までこぎつけたのに」

そうだよな。それを聞いて、俺も安心した。そう俺は俺に言った。

時間は九時四十五分になっている。歩いて五分、五十分にはイガラシさんに会えるだろう。どんな顔で迎えてくれるだろうか。俺は、なんとなくいそいそした気分で、検察に歩き出した。


ついさっき、俺は一瞬心細くなり、それを見事に克服したはずだったが、実際には、その心細さは折りに触れてしぶとく復活した。やはり、酔狂で刑務所に入る、ということは、ダテや酔狂でできるものではない。酔狂で刑務所に入るためには、固い決意や勇気が必要なのだ、と俺はこの時感じた。そしてもうひとつ思ったのは、「こりゃヘソの緒をしっかりとしめないと、ヤバいぞ」ということだった。いや、「ヘソの緒をしめる」じゃないな、ヘソの緒をしめたら胎児が死んでしまうからな。「兜の緒をしめる」か。でも、別に勝ったワケじゃないからな。「ヘソに力を入れる」か。ああ、「ハラをくくる」か。まぁ、どうでもいいけど、ここで検察にうまく乗せられたら、俺はコロリと「やっぱりやめます」と決意を翻して、罰金七千円払い、国庫は七千円分潤って無駄な出費を節約し、俺は七千円分、貧乏になるだろう。そうなってたまるか。

だがしかし、俺は地検徴収係に向かいながら、なんだか信じられない思いだった。

（俺は本当に刑務所に入るのか？）

（本当に監禁されて、外に出られなくなるわけ？　今晩は刑務所で寝るの？）

（酒を呑まないで寝るの？）

（子供の寝顔を見ないで？）

（四泊五日？）

（マジで？）

足取りがどんどん重くなった。信じられない。俺はこれから刑務所に入る。それもひと言「やめます」と言えば、それで済むのに。「罰金を払います」と言えば、それで済むのに。それなのに、今俺は刑務所に入りに、誰に強制されたワケでもないのに、自分の意志で検察に向かって歩いている。ただの「物好き」で。「冗談」で。

これは、本当に現実なのか？

再び、意欲がどんどん失せていく。それがはっきりわかった。ついさっきまで、「刑務所に入れる」と希望に胸ふくらませていた。晴れて刑務所に入ったら、あれもしようこういうことも調べてみよう、こういう話をしてみよう、と抱負もいっぱいあった。自分なりに、前向きに生きようと決意していた。それが、ことごとく消え失せてしまったのだ。

この時俺は、ちょっと針でつつかれたら、すぐに「やっぱりやめます」と宣言して、すぐさま罰金を払ってしまいそうな状態だった。今から考えて、本当に危ないところだったと思う。

そんな俺の、くじけそうな弱い心を叩き直し、無事に刑務所に導いてくれたのは、検察の人たちの温かい対応だった。俺は、検察の人たちの好意と善意に包まれて、自分の希望を貫き通すことができたのだ。いくら感謝しても感謝しきれない恩を受けたことになる。

恩人の第一は、検察の受付の女性だったようだ。俺の〈獄中ノート〉には「受付でバッジ」としか書いていないが、ここでなにか心温まるやり取りがあったような記憶がある。

当然ながら、俺は刑務所に入れてもらう時に私物を全部係りの人に預けたので(刑務所の専門用語では「**領置**」と称するのだ)、取材道具を自分の部屋(つまり**〈房〉**ね)には持ち込めなかった。後で書くような事情で、ノートとボールペンはすぐに購入したのだが、その間数時間の事柄については、メモし損なったので、そして俺は頭が悪くてメモしなかったことは忘れてしまうので、この受付でもどういうやり取りがあったか、はっきりとは思い出せない。だが確か、俺が「徴収係へ行くんです。刑務所に入りに来たんです」と受付の美女に言うと、美女はニッコリと微笑んでバッジを渡してくれたような気がする。そのバッジには、「受刑希望者」と書いてあった。というのは冗談だ。

彼女の笑顔に元気づけられて、俺はイガラシさんのところに行った。送られてきた「貴意に沿う云々」と書かれた紙をヒラヒラさせて、俺はとりあえず嬉しそうに（だって、希望をかなえてくれる、という人の前で、悲しそうにしていたら失礼だから、ここはひとつ、演技であっても、元気に朗らかにすべきだ、と思ったのだ）言った。

「イガラシさん、刑務所に入りに来ました！」

ここで、この時、もしも、イガラシさんがちょっと人情味溢れる笑顔になって「なんだ、やだな、アヅマさん、本気なんですか？　ハハハハ！　本気じゃないでしょ？　ねぇ、冗談ですよね。もうここまで付き合ったんだから、そろそろカンベンしてくださいよ」とかなんとか、苦労人風の口調で言ったら、俺は即座に「へへへ」と頭をかいて、「そうですね。冗談でした。やめます」と答えたはずだ。

だがしかし、イガラシさんはあくまで俺に協力的だった。俺を刑務所に力強く押し出してくれたのだった。

「ハァ……」

と彼は溜息をついたのだ。そして、狼狽した様子で、「ホントに入るんですか」と呟いた。

「無論です！」

俺は、「へへへ」と頭をかくタイミングをつかみ損ねて、力強く断言してしまった。

「いろいろ、お世話になりました。お手数ですが、よろしくお願いいたします！」

社交辞令、というかこういう時の会話の型、というのはありがたいものだ。内心どれほど動揺していても、型通りに言葉を吐き出していれば、型通りに約束された結末へ、この場合は刑務所だが、順調に導いてくれるのだ。

「そうですか……わかりました」

イガラシさんは、疲れ果てたような表情で俺が得意になってヒラヒラさせている文書を受け取った。

「本当に、お入りになるわけですね？」

「無論です！」

イガラシさんは力弱く頷いて、その文書をファイルに入れた。

「あ？　あれ？　あの、その書類、ちょっと返してくださいよ。僕に送られてきた、僕の書類ですよ」

「いえ、これは検察の書類ですから」

俺は再び、自分のガクモンのなさが残念だった。この書類の所有権は、いったい誰にあるのか。これを確認しなかったので、さしたる反論もできないまま、俺はウカウカと大切な資料をひとつ失うことになってしまった。

資料を失ったことが残念で、そのことを考えていたせいで、俺は「やっぱりやめます」と口走ることなどまったく考えずに、ひたすら（失敗した、失敗した、コピーを取っておくんだった）と悔しがりながら、イガラシさんに先導されるまま歩き、気が付いたら応接室のようなところに座っていた。

ここは、いくらなんでも刑務所じゃないだろう。

「なんですか、ここは？　応接室みたいだけど、受刑希望者の待機室かなにかですか？」

それにしては、ソファに白いカバーがかかっていたり、重たそうなテーブルの一枚板の天板の上には模造大理石の重たそうな灰皿が載っていたりして、重厚な雰囲気なのだ。

「いえ、応接室です」

イガラシさんは、すでに諦め果てたらしい淡々とした口調で言う。

（諦めないでほしいなぁ。今更こんなこと言うのは申し訳ないけど、今、ひと言イガラシさんが「やっぱり冗談でしょ？　考え直しませんか？」と言ってくれたら、俺は「へへへ」と頭をかくのに）

「へぇ、そうですか。すると、つまりあれですか、刑務所に入る犯罪者たちは、まずみんなこの応接室で応接されるわけですか？」

「いえ、そうではなくて、……つまり、全然準備をしていなかったものですから、これからちょっと刑務所と打ち合わせをしなくてはならないんです。そんなにお時間は取らせませんから、ちょっとここでお待ちください」

別に、時間はいくら取ってもいいんだ、本当は。今日は、あとは刑務所に入るだけだから、特に急ぐ用事があるわけでもない。

イガラシさんは軽く会釈して出て行った。


ひとりになったら、いきなり「刑務所に入る」というほぼ確実になった近い未来の出来事が、俺の上にドサドサと落ちてきた。

（ホントか？）

（ホントにホントに、俺は刑務所に入るワケか？　犯罪者の方々と枕を並べて寝るワケ？）

（臭いメシ食べて？）

（ホントか？）

俺の動揺は、この時頂点に達した。立ち上がって、イガラシさんを探して、「冗談でした」

と言おうか、と考えた。

その時、細身の長身の美人が、トレイにコップを載せて応接室に入ってきた。コップには薄茶色い液体が入っていた。全体に細かな露が浮かんでいて、とても冷たそうなコップだ。

(ビールかな?)

と俺は考えた。死刑執行の前に、死刑囚においしい物を食べさせるように、希望受刑者には入所の前にビールを呑ませてくれるのかもしれない。でも、それなら水割りでもいいからウィスキーの方がいいな。俺は、胃が荒れているのか、炭酸の入った飲み物を飲むと胸焼けがするのだ。コーラもサイダーもダメだ。だから……

「遅くなって申し訳ありません」

細身の女性は綺麗な声で言って、俺の前にコップを置いた。

「今、急いで手続きをしておりますので、もうしばらくお待ちください」

美女は、動揺した俺の心を慰めるように言った。俺は、ついさっきまでのあたふたとした気持ちがウソのように落ち着くのを感じた。ここはひとつ、落ち着いて、どっしりとした気分で、手続きが終了するのを待てばいいのだ。それだけのことだ。簡単な話だ。

「あ、どうも」

俺は軽く会釈してコップを口に運んだ。飲んでみたら、ただの冷たい麦茶だった。だが、その冷たい麦茶に、俺は札幌地検の誠意と真心を感じた。

（よし。心の迷いは消えた。やはり、喜んで刑務所に入ろう）

俺の決意を感じたのか、細身の美女はにっこりと微笑んで応接室から出て行った。

しばらくして、再びイガラシさんが姿を現した時は、俺の動揺は完全に消えていた。俺はすっかり平静な気分で、自分が望んで到達することになった刑務所という未来を、澄み切った気持ちで受け入れることができるようになっていた。

「アヅマさん……」

イガラシさんがちょっとモジモジした口調で言う。俺は流れるような滑らかな身のこなしで立ち上がり、背筋を伸ばして体をイガラシさんの方に向けた。

いよいよお別れだ。長い間、本当に世話になった。いろいろと手数をかけたが、実際の話、彼のおかげで、俺は希望通り刑務所に入ることができるわけだ。イガラシさん、心から、ありがとう。

俺はそういう自分の気持ちを込めて、目許に穏やかな笑みを浮かべ、涼しい視線でイガラシさんを眺めた。優しい気持ちで彼を見詰めた。なにかひと言、別れのアイサツを言おう、と考えた。

「いや、あの……」

イガラシさんは、俺のドラマチックな気分に気付いたのか、非常に散文的な口調で言った。

「あのですね、実は、まだ打ち合わせが終わってなくて、もうちょっと時間がかかりそうなんです。……あと三十分くらい……それで、申し訳ありませんが、おかけになって、あとしばらくお待ちください」

あっそう。そうですか。わかりました。俺は素直に座り直した。


三十分後、イガラシさんがやって来た。もうこの時は、俺は劇的なアイサツをする気なんか失せていて、「アヅマさん、遅くなってすみませんでした。こちらへどうぞ」と丁寧に言われた時には、（んとにもー！　いつまで待たせりゃ気が済むんだよ！）というような、正しい受刑者気分になっていた。イガラシさんの後について応接室から出ると、廊下に公務員スーツを着たふたりの男が立っていた。右側の、ちょっと背の高いメガネの男が、「この人が？」というようなことを小さく呟き、イガラシさんは疲れたような表情で小さく頷いた。

「では、アヅマさん」とイガラシさんが名残惜しさはまったく感じさせない口調で言う。

「私は、これで。あとはこの者たちが、刑務所までお送りしますので」

「よろしくお願いします」

俺は丁寧に頭を下げたのだが、ふたりの男は困ったような顔で軽く会釈しただけだった。

本当に、困っているんだろうな、と俺は思った。

ふたりの後について階段を下りながら、俺の心は希望と期待でいっぱいになった。いよいよだ。そして、いよいよ護送車に乗れる。手錠・腰縄のサービスはしてくれないようだが、しかし、護送車に乗れるだけでもよし、としよう。

俺はこれまた、以前タウン雑誌にいた時に、護送車に乗ろうとして失敗しているのだ。街角で時折見かける、犯罪者だか囚人だか容疑者だか重要参考人だか知らないが、とにかくそんな人を乗せて、あるいはギュウギュウに詰め込んで走る、窓に鉄の網を張った護送車。あの内部の様子を取材して撮影しようという企画で、俺は道警広報に日参したことがある。その時も結局、失敗した。いろいろと交渉したのだが、ウソかホントか知らないが、「護送車には、乗せている人間が逃亡しないようにいろいろな仕組みがあるんで、それが外部に漏れるとマズイ」という口実に寄り切られて、結局取材に失敗したのだ。

その護送車に乗れる。そして刑務所に入れる。以前の失敗を、軒並み挽回する気分というのは素敵なものだ。

だが、合同庁舎の前で俺を待っていたのは、セドリックだかクラウンだか、そんな3ナンバーの国産車だった。

「あれ？」

俺が呟くと、大きな方の男が「どうかしましたか？」と丁寧に言った。

「あのう……護送車は？　刑務所には、護送車で行くんじゃないんですか？」

大きな男は溜息をつきながら教えてくれた。

「いえ、それは違います。地検は護送車は持っておりませんものでね。こうして、私どもがこの車でお送りするわけです」

「なんだぁ……」

俺はがっかりして、車に乗り込んだ。

後部座席に、ふたりの男に挟まれて座った。ビジネス・マナーでは、後部座席の真ん中というのは、最も下の席とされているのは周知の通りだ。助手席の位置づけ、その時の人数など、ビジネス・マナーの流派によって細かな相違はあるらしいが、とにかく後部座席の真ん中の席が最も居心地が悪い席である、というのは共通しているようだ。だから、犯罪者や容疑者はこの席が似つかわしい、ということになる。なるほど、システムというのは緻密にできているもんだ、と俺は感心した。

見知らぬ男ふたりに挟まれて座っているのはなんだか居心地が悪いので、俺はとりあえず話のきっかけを作ろうと努力した。

「あのう、やはりみなさんは、イガラシさんと同じ、検察事務官でいらっしゃいますか？」

ふたりは軽く頷く。

「そうですか。私は、札幌刑務所に四泊五日の予定で、入ってくるんです」

ふたりは軽く頷く。どことなく、倦怠が漂っているようで、俺は検察当局の熱意に疑問を持った。だが、俺は元来、きちんとしたシツケを受けて育った人間なので、他人と至近距離で接していて無言で通すなどという無作法はできないタチなのだ。それで、新たな話題を求めて、再び口を開いた。

「いやぁ、それにしても、残念だなぁ!」

「……………」

ふたりの検察事務官は、「なにがですか」というような簡単な質問も発してくれない。だから、自分で自分の話題を引き取るしかなかった。

「なにがか、というと、この車ですがね。受刑者は、護送車で送るんだと思っていたから、楽しみにしてたんですけど」

「はぁ……それは、先ほども申し上げました通り、検察は護送車を持っておりませんものでね」

「はぁ、そうですってね。それにしてもなぁ。けっこう、楽しみにしてたんですよ。いや、それというのは、実は私、以前ある取材で、護送車に乗りたくて道警広報に頼んだことがあるんですよ。相当熱心に粘ったんですがね。結局許可が出なくて。だから、今回は、ということでワクワクしてたんですが」

「……」

ふたりの検察事務官は黙り込んでいる。彼らの体から漂ってくる気配は、こういう感じだった。

(このバカなに言うか)

再び、沈黙が続いた。

見慣れた街並みが後ろに流れていく。これから刑務所に入るわけで、よくある、「シャバの見納め」という場面であるわけだが、やはり冗談だ、という意識があるせいか、あるいはどうせ四泊五日だ、と思っているせいか、特にどうということはなかった。見慣れた街並みは、いつも通りの見慣れた街並みだった。

「あ、ところで、出所する時はどうなるんですか？　けっこう、札幌刑務所って街外れにありますよね。出所する時も、この車で地検まで送ってくれるんですか？　で、地検で出所手続きをする、とか」

「いえ、それは、刑務所の出口までです」

「刑務所の出口まで送ってくれるんですか？」

「いえ、つまり、刑務官が刑務所の出口までお連れします。そして、あとは適宜お帰りいただく、という形になります」

「なるほど。適宜帰っていいんですね」

「ええ、そうです」

刑務所に入れる時には車で護送して、刑期が済んだら勝手に帰れ、というワケだ。この掌を返すような態度。誠にもって傲慢だ、これが役人根性というものか、と、ちょっと怒りを感じたが、この怒りはどっか間違っているかもしれない、とも思いはした。

●鍵の群れ

なぜかはわからないが、〈ケジメ〉というものがあると、嬉しい。なにごとにせよ、いつ始まったのかわからないうちになんとなく開始されていて、気付いたらその最中で、そして「あれ?」と思ったら終わっていた、というのでは、とても残念だ。だから、みんなで酒を呑む時には、なんとなく「じゃ、乾杯!」なんてことをして、「これから呑んで楽しみます」というケジメをつける。飛行機に乗って赤道を越える時にはなんとなく窓から海面を見下ろすし、待ち合わせ場所で出会った恋人同士は、「待った?」とか「やぁ」とか声をかけ合うわけだ。

逆に〈ケジメ〉がはっきりしないと、なんとなくツマンナイ。

一度、ある美女とお酒を呑んで雑談していて、「初めて性交した時のこと、俗に言う『初体験』のことなんか、マトモな男はほとんど覚えていませんよ」と言ったら、美女は驚愕していた。「女性の場合とは、全然違いますね」と呟いて、「男性の場合は、そういうもんなんですか……」と、なにか考え込んでいるような、複雑な表情で俯《うつむ》いたから、俺は慌てて、「あ、まぁ、そりゃいろんな人間がいて、いろんなケースがあるでしょうけどね」と言っておいた。

だが、俺は自分の意見がほぼ正しいのではないか、と思う。女性の場合は、処女膜裂傷、という物理的な〈ケジメ〉があるから、まぁ、なんというか「初体験」は見極めやすいだろうが、男性の場合は、生物学的・社会的に性交可能な年齢になってからは、いろんな性交類似体験を繰り返して、なんとなく普通の男になっていた、というケースが多いのではないか。これが、たとえば戦争中とかで、徴兵検査に合格したり、あるいは召集令状でもっていきなり戦地とか部隊にかっぱらわれたりする時代なら話は別だろう。その時には、徴兵検査とか召集令状とかいうような〈ケジメ〉でもって、娼婦のところへ駆け込んだり、憧れていた美女に面倒見てもらったり、というようなフレームがあるが、戦後はもう、そんなフレームは、少なくとも男に関しては、消滅してしまったのではないか。

俺自身も、少なくとも中学二年の頃は童貞だったこと、高校卒業の頃には童貞ではなかったことははっきりしているが、その間のいつ、〈非童貞〉になったのかの〈ケジメ〉は非常に曖昧だ。あの頃のさまざまな出来事と、出会ったいろんな美女たちとの関わりの中で、いつ、俺は「初体験」をして、「童貞」を「喪失」したのか。どれが「初体験」だったのか。これがはっきりしない。

これが普通じゃないか、男の場合。「初体験」なんてのをはっきり覚えていて、記憶の中で繰り返し体験できるような男ってのは、なんだかヒマでツマラナイ男であるような気がしてならない。

とはいうものの、やはり〈ケジメ〉なしに、うかうかと、気付いたら〈非童貞〉になっていた、というのは、なんとなく残念なような気がするのは事実だ。やっぱり、はっきりと、「今、ボクは初体験に向かっている。初体験に差しかかった。初体験が始まった。初体験の真っ最中だ。!　初体験が終わった……」というような、状態の認識、というか心の高ぶり、のようなものを感じてみたかったな、という気も少しはする。初体験の思い出も、別に悪いものでもないかもしれない。

とにかく、ひとつ言えると思うのは、〈ケジメ〉がある方が嬉しい、ということで、これは正しいだろう。後々の思い出にもなる。逆に、〈ケジメ〉を曖昧にすると、なんとなく不満が残る、ということになる。

そういった意味では、札幌刑務所入所は、〈ケジメ〉がなくて、不満が残るものだった。刑務所がどこから始まるのか、よくわからなかったのだ。

車に乗せてもらって、見慣れた街を走り抜けて、苗穂《なえぼ》の外れにある刑務所に着いた。大きな鉄の両側に制服を着た、刑務官だか警官だか、まさか自衛隊員じゃないだろう、とにかくそれっぽい人が立っている。検察事務官が、車に座ったまま彼らになにかの書類を見せて、鉄の門が開いた。車が中に入って行く。

（とうとう入所だ！）

と俺は胸の高鳴りを感じたが、塀の内側には、なんだかノンキな雰囲気の売店があったりして、子供が遊んでいるのだ。まるで、休日の公園のような感じだった。

車はそのまま進み、また鉄の門に出合う。そこの鍵も外されて、門が開く。

（いよいよ刑務所だ！）

犯罪者の群れ、苛烈な労働、囚人服、暴動の予感、などなどの刑務所映画で見た光景が頭の中に甦る。

だがしかし、その門の内側も、平和な風景だった。確かに、制服を着た人たちがのんびり歩き回っているから少なくともデパートではない、ということは明らかではあった。だが、緊張感のまるでない世界で、「犯罪者」が（少なくとも、裁判所に「犯罪者」だ、と正式に認定された人間たちが）密集している場所だとはとても思えない。要するに、ただの〈役所〉、という雰囲気で、俺は落胆した。

（俺はすでに刑務所エリアに入っているのだろうか。それとも、まだ刑務所には入っていないのだろうか）

それによって、こっちの心構えも変わってくる。やはり、もう帰れないという一線を踏み越える時には、それなりのドラマを心の中で展開したい。

だが、どうしても実感が湧いてこないのだ。

（俺は、いつ感動すればいいのだ？）

（ひと言、「ここからが刑務所だよ」と教えてくれないものだろうか）

（それとも、もうすでに刑務所に入っているのか？　だとしたら、残念だ。感動しておくべきだった）

検察事務官に促されて、車を降りた。

「もう、すでに僕は入所してるんですか？　それとも、まだですか？　そのあたりの、空間的・時間的・法律的なケジメは、どうなってるんでしょうか？」

俺は丁寧に尋ねたのに、検察事務官に黙殺されてしまった。これは、受刑者扱いを受けたようで、どうやらすでに俺は受刑者になっていたらしい、と気付いた。

（失敗した。ケジメで感動し損なった）

それでは、俺はいつ、「刑務所に入った」と感動しようか。そう考えて、とりあえずふたりの検察事務官と別れる時に、感動しよう、と決めた。今のところ、このふたりだけが、俺の顔なじみだから、彼らと別れる時に感動するのもあながち不自然ではない。そうしよう、と決めた。

それなのに、結局俺ははっきりと〈ケジメ〉を味わえなかった。検察事務官と刑務官とが書類をやり取りして、それから検察事務官に付き添われて刑務官に先導されて、建物の中を鍵を開けたり閉めたり、何度も繰り返しながら延々と歩いて行ったのだが、その間にいつの間にか検察事務官はいなくなってしまったのだ。きっと、何個目かの鍵のところが、なにか法律的な、あるいは役所的な〈ケジメ〉であって、そこからこっちは刑務官と受刑者だけ、というような決まりがあったのだろう。だが、それならそれとして、主賓である俺に、ひと言あるべきではないだろうか。

「それでは、私たちはここで失礼します。頑張って、刑期を務めあげてください」などと丁寧に言え、とは俺も要求しない。なにしろこっちは犯罪者だから。しかし、「じゃ、ここでな。あまり、世話を焼かせるなよ」くらいのことは言ってもいいのではないか。

　などと心に刻みつける間もなく、俺はうかうかと受刑者になってしまった。ここまで来れば、もう自分が刑務所に入っていることは疑問の余地なく明らかだ。だが、〈ケジメ〉を認識できなかったのが残念だ。まるで、無我夢中の「初体験」のようで、そうだな、たとえば年増の手だれの娼婦に、夢中になってしがみついているうちにうまく導かれて中に挿入、その自覚もなく射精してしまったようで、とっても残念だった。

　だが、後悔先に立たず。今更悔やんでももう遅い。クヨクヨせずに、前向きに刑務所ライフをエンジョイしよう、と決めた。

　それにしても、刑務所の中は、当たり前の話だが、本当に鍵が多かった。廊下から廊下へ移るだけでも、鍵を開けたり閉めたりしなければならない。しかも、まだここは序の口の、普通に明るい事務所なのだ。事実、弁当のニオイがしている。それなのに、あの鍵の数。

　国家権力が、人間を監禁しようとする時には、ここまで周到にできるわけなのだ、と俺は感心した。もし俺が誰かを監禁しようとしても、あまりお金がないから、鍵は二つかせいぜい三つしか買えないだろう。

　しかも、俺が誰かを監禁する場合、それは明らかに不法行為だから、その誰かは二つかせいぜい三つの鍵を突破する機会があれば、逃げ出して、俺の不法を摘発することができる。

だが、刑務所の鍵は合法であって、それを突破しても、安心して逃げ込める場所はない。合法的に自由を剝奪された、ということの意味を、俺は改めて実感した。

当たり前のことをワザと書いて、悪フザケをしていると思うかもしれないが、そうではない。鍵の群れを通り過ぎながら、そんな当たり前のことが、しみじみと心の中に迫ってきたのだ。

刑務所に入った経験を持つ人は、わかってくれるでしょう。いや、涙ぐみながら「ウンウン、そうなんだ」と頷いていることでしょう。合法的に自由を束縛される、ということの圧迫は、なかなかモノスゴイものがある。確かに俺たちは、日常生活でも「合法的に自由を剝奪」されたかのような状況に追い込まれることはある。「ホントはこんなことしたくないのに」と心の中で呟きながら、つまらない授業に付き合わされて、ずっと教室に座っていなければならなかったり、あるいはエンエンと続く無意味な会議に出席しなければならなかったり。あるいはまた手あたり次第にそこらの住居に飛び込んで「お子様の英語教育はどうなさってますか？　英語教育は三歳から始めなければなりません。そこで、このたび開発されたこの画期的な児童英語教育の教材は」とセールスして歩かなければならなかったり、「いらっしゃいませ！」とイヤな人間に頭を下げたり、「はぁはぁ、申し訳ございません、かしこまりました」と言ったりしなければならない。そんな時は、「まるで牢屋にぶち込まれたみたいに自由がない」と思うこともある。

だが、こういうような日常は、「合法的に自由を剝奪されている」ように見えて、実はそうではない。つまり、「ケツをまくる」ことで、完全な自由が、まぁ、最低限は回復される。「やめてやらぁ！　ケッ！　バカヤロウ！」と怒鳴って、スタスタと歩み去れば、その後は相当苦労するだろうが、とにかくその時は、自由とともに好きなようにどこにでも、少なくとも歩いてなら行ける。

しかし、いったん刑務所の中に入れば、いくらケツをまくっても無駄なのだ。「やめてやらぁ！」と怒鳴っても、なんら状況は変わらない。合法的に自由を剝奪される、というのはそういうことだ。

俺たちは、合法的に自由を剝奪されるということに、根本的に慣れていない。そのことを、俺はしみじみと感じた。

●強制全裸——肛門の運命

ひとたび刑務所に入ったら、もう俺はただ手順をこなすだけの存在になった。こっちに歩け、そこを曲がれ、そこで待ってろ、さあ歩け、という指示に従って、俺は鍵をいくつも乗り越えて、確か〈領置調室〉とかなんとかいう名前の部屋まで導かれた。なかなか広い部屋で、まぁ後で裸になったことの連想から言うと、大きな体育館のシャワー・ルームくらいの広さはあったように思う。広さはそれくらいだが、内装はシンプルで、いかにも日本経済の高度成長期あたりに造られた、当時の「近代的」な建築の内部であって、要するに「無味乾燥」な部屋だった。床はいわゆる「フローリング」というような感じで、壁は確か白い漆喰《しっくい》のような感じではなかったか。つまり、三十年以上前に建てられた公立総合病院の待合室のような部屋だった。これが、「これから受刑者になる」というこちらの気持ちによくマッチして、とても寒々とした侘しい気持ちになることができた。

部屋の中には、そうだな、二十人以上だろう、と思われる、制服の刑務官がいた。これはつまり、新しい受刑者の顔を知っておくために、とりあえず手が空いている刑務官は全員集まっている、というようなことなんだろう、と思う。刑務官の服装は、まぁ警官とかガードマンとかとよく似ているが、紺よりももう少し明るい水色っぽい色の制服で、威圧感などはない。これもまぁ、〈民主日本〉の方針なんだろうな。

で、俺がその部屋に入ると、そこにあった机に寄りかかったり、壁にもたれたり、各々くだけた格好で群れていた刑務官たちがちょっと姿勢を正した。年齢はさまざまで、大学生くらいのオニィチャンから、俺のオヤジくらいのオジサンまで、みんな一様にマジメな顔をしてこっちを見ている。どちらかというと、若い連中の方が多かった。このオニィチャンたちが、いわば最前線の兵隊で、この大柄な壮年の男が軍曹で、そしてあのオジサンが少尉であのオジサンが中尉かな、などと俺は考えた。俺がそんなことをぼんやりと考えているうちに、刑務官たちはロッカーから青い安っぽいジュータン、というかマットというかシートを出して、それを広げ始めた。床を半分ほど覆う大きなシートだ。広げられたシートの片隅に、青いプラスチックのカゴに入った、なんとも言いようのない不思議な衣類が畳まれて置いてあった。

「じゃ、そのバッグの中身をここに出して、それから着替えなさい」

と言われたから、その通りにする。自慢じゃないが、俺がいつも持ち歩いているバッグはとても大きい。中には、カメラや筆記用具などの取材道具、数冊の本、カード類などがゴチャゴチャと入っている。それをひとつひとつ取り出して並べようとしたら、「ああ、いいからいいから」と中年が言った。

「そのまま、逆さまにして、マットの上に、こうやって……」

そういう仕種を見ると、要するにブチまけろ、ということらしい。だから素直にそうした。とにかく俺は、なにか言われたら、言われた通りに行動しなければならない、そういう存在なのだ。俺は、自分が今までどれほど人から指図されるのがイヤだったか、人の指図にはほとんど無意識に逆らって生きてきたのだなぁ、ということをシミジミ実感した。

だがここで、抵抗する、反抗する、という行動に出るのはナンセンスだ。ここんところが、俺の立場が中途半端である、その端的な実例だろう。なにしろ、抵抗したり反抗したりするくらいなら、「罰金払います」と金を払って、とっとと帰ればいいわけだ。俺は希望して、趣味で刑務所に入りに来たのだから、素直に刑務所ライフに溶け込むべきであって、「それがイヤなら帰んな」と言われれば、それまでだ。だからとにかく、受刑者というのは、本当に一方的に「服従する」存在であるのだなぁ、と痛感しつつ、言われた通りに指図に従うことにした。

で、バッグのファスナーを開けて内容物をそこにバラまくと、「じゃ、着てる物を全部脱いで、これに着替えなさい」と言われた。

とうとうきたな、と俺は一瞬気弱になったね。ズラリと並んでいる観客の前で、全裸になるわけだ。そして、ウワサでは、肛門を調べられるという。つまり、肛門の中に、針金とかヤスリとか、あるいはタバコだとか覚醒剤だとかを隠していないかどうか調べる、というんだな。そうだ、キューブリックの映画『時計じかけのオレンジ』でも、アレックスはいきなり前屈みになって、肛門を調べられていたっけな。

俺は、当然ながらみんなの前で全裸になること、そして肛門を調べられることに関しては、覚悟を決めていた。だがしかし、いざ実行する段になると、やはりさすがに抵抗がある。これが、みんな同じく全裸であるのなら、なんら問題はない。刑務官の団体と温泉旅行に行くと、そういう状況にもなるだろう。だがしかし、刑務官たちがきちんと制服を着ている真ん中で、ひとりで全裸になる、というのは、いささか感じが違う。……いささか、どころじゃないな。

まぁ、別に屈辱を感じた、とか精神的な苦痛を受けた、などと大層な言葉で表現するほどのことではないが、やはり自分が受刑者であって犯罪者である、ということを実感させられる。

俺は、着てる物を全部脱いで、無言で刑務官を見渡した。刑務官も無言でこっちを見ている。なんとなく、不気味な雰囲気だ。

(で、これから肛門検査か?)

俺は、なんとなく「どうだ！」という不自然に堂々とした態度で刑務官を眺め回していたようだ。

(肛門を調べるなら、勝手に調べろ！)

と、まるでもう喧嘩腰だ。ならわざわざ来なきゃいいのにな、ということは、その時は頭に浮かばなかった。

しかし、俺は肛門には自信があった。まず、俺は痔ではない。自分で直接見たことはないが、まぁまぁ普通の、まっとうな肛門だと思う。また、俺の家はシャワー・トイレなので、肛門は清潔なはずだ。シャワー・トイレに替えてから、パンツの汚れは劇的になくなったからな。

(見るなら見ろ！　天地神明にかけて、なにひとつ恥ずかしいところのない、立派な肛門だぞ！)

その必要があるのなら、俺は正々堂々、潔く肛門を披露しよう、と心に決めていた。

だがしかし、「よし、それじゃそこの服を着て」と言われてしまった。どうやら肛門検査はないらしい。力を込めて緊張させていた肛門括約筋が頼りなく緩んだ。

これはどういうことなのか、よくわからない。実際には肛門検査はしない、ということなのかな、とも思うが、もしかすると刑務官は検察の方から俺のことを聞かされていて、「バカバカしい」とでも思って、まともに仕事をしない、ということなのかもしれない。また、なにしろ「取材」だから、それを気にしているのかもしれない。ま、それはそれでもいいさ。

それで俺は、指図された通り、そこに置かれていた服に手を伸ばした。

●囚人服考

生まれて初めて見る、そして生まれて初めて手に取った囚人服は、そりゃあもう、異様なものだった。

〈囚人服〉という言葉で、なんとなく俺たちが頭に思い浮かべるのは、まずパジャマのような白黒縞模様の服があるな。脱獄しても、そのままでは一般市民の普通の生活に溶け込めないような、異様な服装だ。しかしまたそれとは対照的な例もあって、『蜘蛛女のキス』なんて映画では、囚人たちはほぼ私服のような思い思いの格好で牢屋に入っていた。アメリカ映画に出てくる刑務所では、あそこはまぁ州によってそれぞれ違いはあるんだろうけど、制服ではあるものの、なにかこう、軽快な野良着というか、洒落た作業服というか、ジーンズかコットン・パンツにダンガリーシャツとかTシャツ、という姿が多いような気がする。『ダウン・バイ・ロー』などでは、そのまま一般市民に溶け込もうと思えば不可能ではないようなデザインだった（まぁ、刑務所のロゴが入っていたから、実際問題としては難しかったろうけど）。

ところがなんと、札幌刑務所の囚人服は、完全に非日常的な衣裳だった。

まず、素材からして激しく逸脱している。なんという生地なのかわからないが、とっても薄いジュータンマットというか、厚手のカーテンというか、そんなようなゴワゴワした布でできている。色は小豆色と茶色の中間のような感じで、ひとつ言えるのは、とってもカッコワルイ色だ、ということだ。

で、デザインがこれまた独特だ。「一般に、人間には胴体と二本の手、二本の足がある」ということをデザイン・コンセプトにしている、それ以外には興味ない、という雰囲気が伝わってくる。そういうような「単なる服」だった。なんというか、二十年ほど前の中華人民共和国の人民服を、徹底的に根性入れて不格好にした、そんな服だった。

まず、パンツだ。これがもう、サルマタ以外のなにものでもない、というヤツだった。そしてモモヒキ、半袖の丸首シャツ。ここまでは、なんとかマトモと言えないこともない服装だ。世間一般の「下着姿」から、それほど激しくは逸脱していない。色も、黄ばんだ白で、このままウチワでも持ってふらつきながら歩けば、真夏の下町なら、「だらしない酔っ払い」としては、まぁなんとか世間様に通用するような格好ではある。

で、その上に長袖シャツを着て、ズボンを身に着けるわけだが、このズボンが並みのシロモノではなかった。

ズボンは、さっき書いた厚手のゴワゴワした小豆色の布でできていて、前（つまり、いわゆる〈社会の窓〉ね）はボタンでとめるようになっている。ボタンでとめるとは言っても、ひと昔流行ったような、ジーンズの金ボタンとかじゃない。プラスチックだか貝だかの、情けない普通のボタンだ。おそらく、ファスナーよりはずっと安上がりなのだろう。それとも、ファスナーで自殺しようとした人間とか、そのファスナーで武器とか合鍵を作った人間が過去にいたのかもしれない。

そして、ボタンをはめたら、ズボンと同じ布でできた紐で縛るようになっている。これは、なかなか斬新なデザインで、この格好で人前に出る勇気はなかなか湧いてこないような気がする。

で、その上に同じくゴワゴワ厚手小豆色の「ジャンパー」を着るわけだが、ジャンパーなんておこがましい、これは単なる「上っ張り」じゃないか、いや、幼稚園児の制服によくある「スモック」じゃないか、と思い、しかし次の瞬間、そんなことを言ったら「上っ張り」や「スモック」がカンカンになって怒るような、「悪かった」と謝りたくなる、そんなデザインであったわけだ。

とにかくひとつ断言できるのは、この格好では、人前に出られない、ということだ。俺は通常、別に身なりには気を遣わないタチで、だいたいいつでもTシャツにジーンズという服装で、これはよく考えたらアメリカ映画の囚人たちによく見る服装で、別にそんなことどうとも思わないのだが、その俺ですら、この囚人服では「人前に出られない」と赤面してしまうわけだから、普通一般の人間の自尊心をへこませるには充分役立つ服装だろう、と思う。もしも、このデザインにそういう目的が込められているとしたら、これは大成功だ、とそのデザイナーを賞賛したい。

そしてまた、このデザインは、俺のような肥満タイプの人間を特に不格好に見せる作用があるようだった。だから、ロレックスはめてオーダーのスーツを着て銀座で豪遊していたような小太りの洒落オヤジが、贈収賄とか横領とかで刑務所に服役することになったら、その無念さはいかばかりか、と想像に余りある。高級オーダー・スーツと囚人服では、酒井和歌子さんと冷たいコンニャク以上の落差があると言っても過言ではない。

（なるほどねぇ。懲罰、というか罪の償い、ということは、単に監禁されるとか労働させられるとかいうことを越えて、いろんな要素を駆使して執行されるわけなのね）

としみじみ感心していたら、「ちょっとアンケートに答えて」と言われた。

●真珠物語

いきなりアンケートとくるから驚いた。

（刑務所でもマーケット・リサーチか！）

とまたも感心したが、アンケートの内容は、交遊関係の簡単な質問とか、入れ墨、ペニスの真珠の有無、指の数などだった。交遊関係の項目では、〈ヤクザ〉というのがあって、〈暴走族、右翼を含む〉などと注釈があり、右翼、あるいは民族派〝自称〟政治団体の中には「ヤクザと一緒にするな！」と怒るのもいるだろうな、などと思ったね。

ペニスの真珠、というのは、これは刑務所出所の時にもひとつのポイントになるので、ここで説明しておく（つまり、普通一般の市民、特に女性には意味がわからないかもしれないので）。

男の中には、ペニスにイボイボを施して、これで女性を〈トリコ〉にしよう、と考える連中が、稀にいるらしい。そして、その稀な連中の割合が顕著に多いのがヤクザもんの世界で、ペニスにイボイボを施している男は、ヤクザもん、あるいはその周辺領域の人間である、とまず考えられるわけだな。このイボイボを雅語で〈真珠〉と呼ぶわけだ。で、その装着にあたっては、最近は整形美容の保険外病院などでシロウトにも施術する場合があるが、多くは自分で埋め込む、ということになっている。ペニスの亀頭の脇の皮を破って、そこから丸い異物（刑務所では、歯ブラシの柄を適当な大きさに折って、それを滑らかに研磨して用いる、と一般に伝えられているが、実態はどうか）を、海綿体と皮膚の間に挿入するわけだ。考えただけでも痛そうで、しかもバカバカしくてイヤんなっちゃうが、ヤクザもんの多くは、下っ端で、彼らは自分の妻、恋人、スケ、バシタなどなどに養ってもらわなくては暮らしてぃけないから、そういう女性を〈虜〉にして「おめぇはよう、俺なしではいられない体になっちまってるんだぜ」とかなんとか言って縛り付けるために、覚醒剤を用いたり、あるいはペニスに〈真珠〉を装着したりするわけだ。

で、実際の効用は、というとこれがあんまり意味ないらしいんだが、「特に意味はない」と思いつつも普通は結婚式を挙げるし、「特に意味はない」と思いつつも普通は香典袋には古びたお札を入れたりするわけで、まぁ、そういうことになってます、というようなワケで、ヤクザもんの中には痛い思いを我慢する連中が多いらしい。

ここで、話が激しく脱線するが、昔、知り合いの看護婦さんから聞いた話だ。彼女は脳外科病院に勤めていたのだが、夜勤の時に、救急車で交通事故の怪我人が運ばれて来た。意識不明の重体で、すぐに手術が始まったんだが、これがチンケなヤクザもんで、指は全部揃っていたが、肩のところに出来損ないの入れ墨を彫っていて（看護婦さんは「ペン描きのイラストみたいなもんだったわね」とおっしゃいました）、そしてなんとペニスに〈真珠〉が四コも入っていた。

「へぇ〜。四コも」

と俺は感心したが、看護婦はいきなり爆笑したね。

「それがね、てんで大笑い。入れる時に、失敗したんだろうね。四コが四コとも、全部根元にかたまっててね。あんなんじゃ、全然意味ないわ」

俺も思わず爆笑した。それが収まってから、涙を拭きながら尋ねたね。

「で、そいつはどうなったの？」

「なんとか命は取り留めたけどね。退院するまで、みんなの笑いもんだったわ」

このヤクザもんは、まだ若かったという。オンナをなんとかしよう、と考えて、四コも真珠を入れ、それが全部根元にかたまる、という失敗をした挙げ句に、交通事故を起こして意識不明、そして看護婦さんたち全員に笑われて、その病院の名物になってしまった挙げ句、全然関係ない、俺みたいな人間にも爆笑される人生。同情の余地は、限りなくある、と俺は思う。

で、そのアンケートが終わったら、

「こちらへ来て、起立！」

と言われたので、そちらへ行って直立不動の姿勢をとった。このように、命令に従う、というのも刑務所ライフの醍醐味だ。よく考えたら、俺はここ十数年以上、一方的な命令に従った経験がなかったのだ。これは新鮮な体験だった。

中年の、立派な体格の刑務官が俺の前に立って、俺の名前を告げ、罪名である道路交通法違反速度超過がどうのこうの、と申し渡し、五日間留置する、というようなことを言った。この〈五日間〉という言葉が、周囲の刑務官たちに反響を巻き起こした。

「え？」

という反響である。

そしてみんな口々に、

「七千円」

「四泊五日」

「常習だろ？」

「常習に決まってる」

などと話し合っている。俺は一応、「いえあの、常習じゃなくて、ちょっと興味があって、その、まぁ、好奇心、というんですか……」と言った。別にどうでもいい、とは思ったが、自分の聴衆の疑問を解いてあげなければならない、と思ったのだった。

するとと、後ろから、若い男の声が言った。

「興味や物好きで入るんならさぁ……」

「はぁ、なんでしょうか？」

「もっと荷物少なくして来てや」

彼の目の前には、俺のバッグの中にあった私物がズラリと並べてあった。そして、俺は驚いたのだが、自分のバッグにこれほどの物件が詰め込んであったとは予想もしていなかった。確かに、俺のバッグは大きいんだが、それにしても、これほどとは……。

俺はとりあえず、洗面道具と下着類、そして暇潰しの本十冊、筆記用具などは意識的にバッグに詰め込んだ。刑務所の自分の部屋に持ち込めるかどうかはわからなかったが、もしもOKだったら、それらを利用しよう、と思ったのだった。

だが、そのほかに、道を歩いていて手渡されたサラ金のティッシュだとか、ビデオ・レンタルの会員カードだとか、パブのボトル・カードだとかキャッシュ・カード、そのほかのカード類、カメラ、ストロボ、フィルム、空になったフィルム・ケース、予備の電池、撮影済みのフィルム、使用済みの電池、どこかで紛失したと思い込んでいたボールペン、四年前に泊まった旅館で買った（ことを忘れていた）記念の灰皿、撮影したけれども使わなかった写真の束、手紙、領収書の束、今となっては意味がわからないメモ類、街でもらったチラシ類、展覧会のパンフレット類、映画やコンサートなどの半券、携帯灰皿、予備のタバコ、見本のタバコ、百円ライター多数、マッチ多数（持っていない、と思い込んで次から次から買ってしまうのだ)、喫茶店のマッチたくさん、誰だか思い出せない人の名刺、折り畳み傘、東京の地下鉄路線マップ、旭川のバス路線マップ、高崎市のカラシ漬けの由来を書いたしおり、浅草のソバ屋の割り箸袋、宗谷岬の〈日本最北端到達証明書〉、そのほか、いくら書いてもキリがないからここらへんでやめるけれども、そんなものがズラリとマットの上に並べられていたワケだ。

そしてまた、刑務所というのは役所だから、たとえば〈スナック花子の部屋ボトル・カード五枚〉などと書くワケにはいかないらしい。これらの私物は、入所の時に刑務所に領置して、つまり預けておいて、出所の時に間違いなく返却する、その時になって「〈美子の部屋〉のボトル・カードがない!」などとイチャモンをつけられないように、具体的に、細かく、ひとつひとつ記録を付けなければならないらしいんだな。

で、担当者らしい、若い刑務官が、ひとつひとつ、丁寧に記録していく。これは、膨大な手間だった。

「慣れてる人の中にはねぇ」

と、若い刑務官は俺に説教をした。

「歯ブラシ一本、手ぬぐい一枚で来る人もいるんだよ」

「なるほどなぁ。慣れってのは、違いますね」

「ホントさ」

　若い刑務官はブツブツ言いながら、マット一面に広がった俺の私物を、カード一枚一枚、ティッシュ一袋一袋、きちんきちんと記録している。俺は、（申し訳なかった！）という思いで、その作業を見守った。

（無駄な手間をかけさせてしまった！）

　そのうちに、やはりこれではラチが明かない、と思ったのだろう。年輩の、ベテランらしい刑務官が果敢な行動に出た。

　並んでいるビデオ・レンタルのカードを眺めてから、俺を呼ぶ。

「アヅマさん」

「はぁ……」

「このね、ビデオ■△のカードだけどね、これ、去年の二月で期限切れだよ」

「あ、そうですね。全然行ってないから」

「これ、破棄しちゃっていいかな」

「ああ、ええ。もう、そうしてください」

「それじゃ、これ、と……このレンタルショップ●◎は？　今年の四月で期限切れだけど」

「あ、はい、それも破棄します。新作ばっかりで、昔の映画が少ないんですよ」

「そうかい。それから、と……この書店くじってやつね、これ一昨年のだけど、いるの？」

「え？　ああ、いえ、いりません」

「じゃ、破棄していいね」

「ええ、お願いします」

「ここらへんの、ティッシュはいるわな。まだ使えるから」

「そうですね」

「捨てたら、もったいない、と……このボトル・カードは？　まだ残ってる？」

「期限は……」

「三年前だけど」

「さぁ〜……その店、まだあるかどうか……」

「じゃ、破棄するよ、いいね」

というやり取りが交わされて、物件はいくつか減った。だが、それでも大きな違いはなかったようだ。これまで非常にスムーズに進んでいた入所の手続きが、ここで一気に滞ってしまったのだった。

これは、俺にとって、ひとつの大きな勉強になった。読者のみなさんも、刑務所に入る機会に恵まれたら、その時には、「歯ブラシ一本、手ぬぐい一枚」ですがすがしく入所し、懇切丁寧な刑務官の手間を省くようにしてあげてください。

●晴れて受刑者

だがしかし、当然ながら、時の流れに従って、手間取った〈領置調べ〉も終了する時が来た。我々はときに「時間がすべてを解決してくれる」などと言うが、それは確かに真実である、と実感した。

マットの上に広げられ、衆人環視のもとにさらけ出された俺の私物の中で、房に持参するのを許されたのは、歯ブラシ一本だった。そして、タバコは没収された。つまり、出所する時も、このタバコは返還されない、おそらく刑務官の方々が喫う、ということだ。

これは、どうもほとんど世界各国の刑務所で一般に行なわれている慣行らしい。まあ、タバコはそんなに長持ちはしないものだから、それに、それほど高価なものでもないから、長々と領置しておくよりは、没収して喫っちゃったほうがケンヤクだ、ということだろう。それにには俺も異存はない。

「俺は五日で出るんですけど」などと言うのも、どこかヤボだ。入所の予定日数で没収と領置の区別をするなら、その境目の設定が面倒になるだろうし。それに、たかがタバコだ。だが、俺のタバコは両切りピースなので、やっぱり誰か、タバコの味がわかる、タバコ好きの人が喫ってくれればいいな、と思った。

で、さて、いよいよ「時がすべてを解決してくれ」たので、俺は受刑者として自分の部屋に行くことになった。

（いよいよだ）

俺は、胸の中で期待がふくらむのを感じた。

（刑務所に入って、正真正銘の犯罪者、というか受刑者の方々と、相まみえるわけだ。そして、四泊五日、寝起きを共にする。いい人ばかりだといいな。でも、やっぱりイヤな人もいるだろうな。俺は、うまくやっていけるだろうか。波風を立てずに。まず、きちんと挨拶しなければならないんだろうな。「手前、生国と発しますは……」なんてやる必要はないんだろうけど、やっぱり、一応、同室の中の一番エライ人なんかには、「よろしく」くらい言うのかな。「アヅマと申します」なんて自己紹介して。で、「シャバじゃ、なにやってきたんだ？」とか聞かれて、「……十八キロオーバーです」とか答えるのか？　パッとしないが、まぁいいか。どんな人がいるんだろうな。殺人者かな、強盗者かな、それとも詐欺師、痴漢、窃盗者、暴行犯。どうもさっきからの雰囲気だと、あんなアンケートもあったし、やっぱり犯罪常習者としてのヤクザもんが多いみたいだな）

などといろいろ考えながら、言われた通りに〈担当さん〉（自分を担当してくれる刑務官を、そう呼ぶらしい）について、廊下の黄色い線の内側を歩く。廊下には左右に黄色い線が引いてあって、受刑者はその内側、つまり壁側を歩くように言われるのだ。

冷んやりとした廊下を延々と歩いた。足許は、滑らかな石のような感触だ。時折、刑務官に連れられた受刑者とすれ違う。

髪が短い。

そこで俺は、はっとした。刑務所入所にあたって、髪を切られるのではないか？　よく映画などで観る、受刑者カットとでも言うべき髪型にさせられるのではないか？

俺は、髪がまぁ長めの方だが、これは特に趣味でそうしているわけではない。そりゃ、高校の頃はジョーン・バエズみたいな髪型だったが、それはまぁ、時代の風潮、というやつで、現在は普通一般の髪型で暮らしている。ただし、世間一般のまっとうな会社員の方々よりは、少し長い。それもまた趣味とかお洒落とかの問題ではなくて、経済的にあまり頻繁に床屋に行けない、という事情による。

だから、別に髪を切られてもいいんだが、どうもこの、受刑者の方々の髪型は、ただ単に「髪を短くしました」というだけで、別にそれはそれでもいいんだけど、やっぱりちょっとイヤだなぁ、と思った。それに俺は太っているので、髪を極端に短くされると、ふっくらとした頬がより一層強調されてしまうのだ。別にまぁ、刑務所にいるぶんには女の子に声をかけるような機会もないだろうから、それはそれでいいんだが、だがしかし、なにしろ俺は五日後には出所するのだ。その俺を、なにもここで散髪したりする必要はないんじゃないの？

などと、突然気付いた散髪問題を考えながら、俺は思わずすれ違う受刑者の方の顔と頭をまじまじと見詰めてしまった。

「ああ、あのね、君ね」

と担当さんが俺に言う。

「あまり、そうキョロキョロしたり、人をまじまじ見たり、しない方がいいよ。顔を覚えられるから」

忠告してくれたわけだ。ありがたい。

「なるほど。そんなもんですか」

俺は納得して、そのまま歩き続けた。

いくつかの鍵を通り抜けた。そしてとうとう、俺は目的の監獄にたどり着いたのだった。

俺が入った房は、**三舎下二十五号室、昼夜独居房**。三舎と呼ぶからには、一舎とか四舎とかいうのもあるんだろう。その中のどれかは雑居房だろう。だが、俺が入った三舎下は、おそらく全部が独居房だった。

三舎には、とてもとてもとても長い通路が一本あり、その両側に、扉がず〜っと並んでいる。ひとつひとつの独居房の入り口だ。長くて暗い通路にはあちらこちらに刑務官が歩いている。そして、通路の真ん中あたりに、一段高くなった、そうだな、巨大な番台のようなところがある。ここが、事務所、というか監視所、というか、要するにそういう業務のセンターらしい。

受刑者である俺は、その監視所の下を、見下されながら通り過ぎることになる。

そして、通路の風景で「なるほど、刑務所だ！」と実感できるのが、上を見上げた時の光景だ。もしもあなたが札幌刑務所三舎下独居房に入ることがあったら、忘れずに通路で上を見上げることをお勧めする。

天井は、檻だった。長くて広い通路の天井はすべて檻になっていて、つまりそこは牢屋の二階、きっとおそらくは〈三舎上〉なんだろう。廊下にいる自分の上に檻がしっかりと組まれていて、そこを刑務官が歩いているという光景で、自分が刑務所の中にいるのだ、ということを改めて深く思い知る。

そして、檻天井の周囲にも、下と同様の房がずらりと並んでいるらしい。全体に暗く重苦しい情景で、どこからかぼんやりと差し込む日の光も頼りない。薄暗い世界に、刑務官の〈制服〉が妙にマッチする。

（俺は今、普通じゃないところにいる！）

と俺は実感した。

（まるで、なんというか、ＳＦ映画、非日常的ななにかの場面だぞ）

たとえば、『エイリアン』の宇宙船内、あるいは惑星の工場。『マッド・マックス』のアリーナ。『未来世紀ブラジル』の巨大建築の内部。『ブレード・ランナー』のあの世界。刑務所映画を思い出すのは当然としても、それを遥かに越えて、俺は重苦しく、巨大で、そして外界から隔絶された世界の中に、自由を剝奪された、まったく非日常的な存在として、ポツンとそこに立っていた。

（入ってよかった！）

俺は、心の底から実感した。

（普通じゃこんな世界、味わえないもんな）

「昼、まだだろ？」

担当さんが言う。確かにそうだった。地検のイガラシさんのところに行ったのは今日の九時五十分。だから、当然昼メシは食べていない。

そこで、いきなり俺は現実に引き戻された。九時五十分、そしてイガラシさん。これは、全部〈シャバ〉のものだった。昨日、この昨日の一日も、〈シャバ〉のものだった。昨夜は仲間と酒を呑んだ。ハタノさんと、写真撮影の打ち合わせなんかをした。ハタノさんは来なかった。そして、九時五十分に地検に行った。イガラシさんに会った。それは、全部〈シャバ〉のものだった。そしてその〈シャバ〉から、俺は今、いくつもの鍵で隔てられて、この札幌刑務所三舎下にいて、監視所のようなところの下で、担当さんに昼メシのことを尋ねられている。

不思議な気がした。

だが、そういう自分の気持ちとは別に、俺は表面上はまったく自然に、尋ねられたことに答えていた。

「ええ、まだです」

「それでは、昼食の用意がしてあるから、まずそれを食べて。その後、風呂に入るから」

部屋に着いたらいきなり昼メシ、それから風呂だ、というのだ。俺は一瞬、サービスのいい温泉旅館に遊びに来たような錯覚を味わった。

●一坪庵の眺め

独居房の内部は、畳二畳、そして畳一枚分ほどの板の間、という間取りだった。一坪半、という広さだが、板の間は省いて、俺は自分のこの部屋を〈一坪庵〉と呼ぶことに決めた。なかなか雰囲気が出ているではないか。

〈一坪庵〉の大きな特徴は、壁が堅牢だ、という点にある。マンションやアパートの中には、いかにも壁がヤワで、ブン殴ると穴があきそうな、寄りかかるとちょっと歪む、そんな壁もある。内装豪華なラブホテルなんかでも、実は壁はヤワで、夢中になってころげ回っていたら壁をブチ抜いてしまった、ごめんなさい、というような部屋もあるが、その点〈一坪庵〉の壁の頑丈さは頼もしい。

そのほか、この庵が普通の部屋とは違う点がいくつかあるので、それを説明しよう。

まず、ドアだ。刑務所の房のドアはどんなになってるんだろう、と楽しみにしていた。いろんな映画を観ると、その国その国で、さまざまな様式があるらしい。壁は全面すべて鉄の檻で、プライバシーがまったく保てない（そのかわり、房と房の間で、物品——つまり、たとえばメモとか手紙とか——を自由にやり取りできる）、というものもあれば、通路に面した壁が一面鉄の檻（これはよく見るね。わりと一般的なイメージだ）というのもある。これも、プライバシーはないと言える。

では、札幌刑務所のドアはどうだったかというと、これが重たくぶ厚い鉄の扉で、通路を立って歩く人間の顔のあたりに、強化プラスチックの覗き窓（わりと小さい）がある、というドアだった。そこから誰かがのぞき込まない限り、プライバシーは保てる。まぁ、いつのぞき込まれるかわからないから、そうノンビリとはしていられないけれども、とりあえずは外界の視線を意識せずに済む、というこのドアは、とてもありがたい、と思った。

それから、覗き窓の上に、小さな突起物がある。これは〈**報知器**〉と呼ばれるもので、受刑者の方から刑務官に用がある時には、この〈報知器〉を押す。すると、棒が飛び出すので、「あそこの牢屋に入れられているワルモンがなにか用事があるらしい」と察してくれて、刑刑務官が窓からのぞき込んで「どうした」とボソリ問いかけてくれるのだ。そこでこっちは、「すいません。チリ紙の追加お願いします」とか「袋、畳み終わりました」とか言うわけだ。

そして、ドアには覗き窓のほかにもうひとつ、下の方にも窓のようなものがある。これは食事とかそのほか必要なものを出し入れする、つまり、穴だ。

で、このドアの大きな特徴は、内部には取っ手とかノブとか、そういうドアの開閉に関する手がかりがなにもないことで、これは確かに当然のことだった。〈一坪庵〉にいる限り、俺には、ドアを開け閉めする権利はまったくないわけだ。ドアは、刑務官が開け閉めして、俺を出し入れするものであるわけだ。

（なるほどねぇ！）

国家権力に監禁された俺は、つくづく自分の置かれた状況を味わった。一方的に、「向こうの都合」だけで開閉されるドア。

もうひとつの特徴は、玄関がない、ということだ。通路はサンダルで行き来する。そして、房に入る時は、ドアの前で靴を脱ぎ、一段高くなっている房の畳に直接上がる。通路か畳か、そのどちらかであって、その中間の、玄関のような部分がない。これはちょっと不思議な感じがするもので、なにかこう、オママゴトをしているような感じだ。最近では、安い旅館でもちょっと気の利いたところなら部屋の入り口に、ちょっとした玄関的な空間を設けたりしている。それを思う時、（やっぱり刑務所は旅館じゃないな）ということを実感するわけだ。

では、この堅牢な壁と、一方的で頑丈なドアに囲まれた、房の内部はどうなっているか。それを順次ご説明いたしましょう。いきなり言葉がちょっと丁寧になったのは、なにしろ〈自分の部屋〉を紹介するわけだから、ちょっと謙遜してしまっているわけだな。

まず、ドアと反対側の壁に窓がある。これは上下にスライドする窓だが、ビクともしない。檻があって、磨《す》りガラスで、網戸があって、外の景色はほとんど見えない。上の窓から、柳かなにかの木の枝らしいのが見えるだけだ。そして、一畳ほどの広さの板の間がある。板の間には、水洗の洋式トイレがあり、そのトイレの横にツイタテがある。トイレに座っても胸から上は覗き窓から見えてしまうが、とりあえず腰のあたりは陰になるので、まぁ落ち着いて用を足すことができる。

そして板の間には、流しもあった。

今は日本はすっかり金持ちになったから、学生でもトイレ・風呂・流し付きのワンルーム・マンションなんてのに住んでいるが、その昔は、六畳一間のアパートなんてのがザラにあって、ただの六畳一間で流しもトイレもない、というアパートも普通だった。トイレ・流し共同、というアパートだ。で、風呂は近くの銭湯。そんな最低の部屋から見ると、〈一坪庵〉はトイレ・流し付きなので、ちょっと上等のような感じがするが、少なくとも、この流しは、「サービス」のためのものではない。「汚れた箸や雑巾を自分で洗え」という流しであって、当然、自炊などはできない。蛇口が一コあるだけだ。

で、流し台の上に棚があって、そこには洗顔用石鹼（石鹼箱に入っている）・食器洗い用石鹼・スポンジ（つまり、箸とコップは自分で洗うわけ）・箸（竹製）・コップ（プラスチック）・大きなヤカン・ボウル数個などが載せられている。

畳の二畳間の壁にも棚があって、タオルかけなどもあり、屑籠がふたつある。この屑籠のうちの片方は、スリッパ、運動靴を入れるものだ。そして、チリトリ・ハタキ・箒《ほうき》などが壁にかけてある。いかにも刑務所だな、と思うのは、これら掃除用具を壁にかける、それが鉄のクギではなくて、木製のクギだ、ということだ。その脇に小さな座り机がある。後でわかったのだが、これは作業台になるのであった。

そして、部屋の片側に布団一式が畳んで積んであった。枕・枕カバー・毛布・毛布カバー・敷き布団・掛け布団、パジャマ上下・帽子・靴下・ウチワなどがある。ウチワ、というのがいかにもヘンな気がしたが、これは夏期だけに支給されるものらしい。当たり前の話だが、ワルモンである受刑者に、クーラーのサービスなどしてくれるはずもなく、また扇風機などというろんな意味で応用可能な機械物を設置してくれるはずもなく、暑い日、受刑者はウチワをパタパタやってしのぐらしい。ただし、後でわかったのだが、ウチワでパタパタやるのも時間が決められているのだった。

そのほかに、札幌刑務所三舎下二十五号室昼夜独居房にあるものは、私物袋と、机の上にあった小冊子類だ。この小冊子については後でまた説明するが、とりあえずこの〈私物袋〉とはどういうものか、ということをざっと紹介しよう。

まぁ別に改めて説明する必要もないが、これは当然ながら、〈私物〉を入れる袋だ。分厚い紙でできていて、〈私物袋〉と印刷されていて、それに番号が記入されている。これは受刑者ひとりひとりに付けられている番号で、〈呼称番号〉（刑務官の中には、称呼番号、と言う人もいた）という。結構ケタ数の多い数字で、俺は最後まで覚えられなかった。メモしなかったので、自分が何番だったか、もうわからない。残念だ。

で、その呼称番号が書かれているこの私物袋が、唯一受刑者が個人で所有することのできるものらしい。そして、この私物袋は、出所するまで付いて回る。ボロボロになったら取り替えたり、私物が多くなったら追加してくれるらしいが、とにかく、この袋を大切にして、持ち歩く。持ち歩く、というのは、つまり、刑務所を引っ越すこともあるわけだ、なにかの事情で。網走刑務所に収監されている受刑者が、裁判の都合かなにかで札幌刑務所に移送される時、彼の私物袋は、彼と一緒に札幌刑務所に来る。そしてその中には、家族から来た手紙とか、写真とか、愛読書とか、ノートとか、あるいは子供が描いてくれた絵、なんてのもあるかもしれない（『ボクのおとうさん』なんてタイトルでさ）。この袋は、自分で運ぶものらしいから、刑務所から刑務所に移る時などは、受刑者はそれを小脇に抱えることになる。確か、持ち方も決められていたような気がする。俺は、この〈私物〉という言葉が、刑務所の中でなんだかとても大切な言葉に思えてしかたがなかった。

だがしかし、俺はなにしろついさっき刑務所に入ったばかりだから、俺の私物袋の中には、チリ紙と歯磨き粉しか入っていなかった。それがちょっと残念。

さて、そんな〈一坪庵〉の、壁際の座り机の上に、ちゃんと昼メシが用意されていた。本当に刑務所のサービスは行き届いている。初めて食べた〈臭いメシ〉のメニューは次の通り。

・麦の混じった飯（量たっぷり）
・焼きカレイの切り身
・野菜炒め
・ナスビの漬物（俺の好物だ）
・味噌汁（具がいろいろ、たっぷり。量もたっぷり）

これが、とてもおいしかったんだな。さっき書いたように、一般に刑務所の食事を〈臭いメシ〉などと呼ぶけれども、はっきり言って、刑務所のメシは臭くない。確かに、ちょっと化学調味料のニオイが強いが、しかし、化学調味料が多い、ということは、ある意味では、「少ない予算でおいしいものを食べさせてやろう」という意欲の表れだ、と好意に解釈することもできる。量もたっぷりで、栄養のバランスもよく、俺はしきりと感心しながら、パクパクと全部残さずに食べた。食器がプラスチックである、というのがなんだかとても味気ないが、なに、カップ麺を食べることを考えれば、これはこれで風情があった。

●入浴

食事の様子を上の覗き窓からそれとなく見ていたのか、食べ終わったところで「風呂に入りなさい」と言われた。指示通り、タオルと箱に入った洗顔用石鹸を片手に持って、ドアの前に正座する。ガチャガチャと重みのある金属性の音がして、ドアがどっしりと開く。通路にスリッパを置いて、部屋から出た。

三人ほどの刑務官が俺を取り囲む。〈担当さん〉が、使い捨てカミソリを手渡してくれた。

「カミソリでヒゲ剃ってもいいから。風呂が終わったら、カミソリを返却する。時間は十五分」

特に威圧的でもなく、淡々と事務的に教えて、それから通路の途中の部屋に導かれた。ここが、三舎下独居房の風呂なのだった。刑務所の話などを読むと、風呂の入り方にもいろいろと規則があったり、みんなで一斉に入ったり、さまざまなエピソードがあるが、独居房の場合は、ひとりひとりで入るらしい。風呂は、コンクリートの床の上に木のスノコが置いてあって、プラスチックの湯船がある。粗末といえば粗末だが、必要充分と言えばそうも言える。ユース・ホステルや安い民宿には、これよりももっと粗末な風呂がいくらでもあるだろう。

ところで、俺は長風呂だ。だいたい、自分の家で風呂に入る場合は、のんびりと体を洗ったり、湯船の中で本を読んだり、オン・ザ・ロックを呑んだり、タバコを喫ったり、非常に時間がかかる。であるのに、今回はなにしろ十五分だから、これは根性を入れて、てきぱきとしなければならない。そう思って、慌ただしく体を洗っていたら、いきなり外から「あんまり慌てなくてもいいぞ。三分前になったら、そう知らせるから」と声をかけられた。

どうも、刑務官というのはサービス精神に満ちているのである。思ったよりも優しいのか、それともやはり、殺人犯と十八キロオーバーとは扱いが違うのか、確かなところはわからないけれど、本当に札幌刑務所はホスピタリティに満ちていた。

（こんなに親切にして大丈夫だろうか）

と、俺は他人事ながら心配した。

（この分なら、俺、この次もしもまたキップを切られたら、反則金を払わないで、また刑務所に入っちゃうぞ）

風呂から出て、カミソリを返却する。そして、そのまま刑務官に囲まれて、自分の房の前まで行く。そこでひとつ儀式がある。石鹸の箱の蓋を取って、中を見せる。それから、タオルを振って見せるのだ。

「これはつまり」

と、担当さんが説明してくれた。

「石鹸の箱とかタオルの中に、カミソリの刃とか、そのほかなにか隠していないかどうかを確認するわけだ」

「なるほど」

俺は頷いて、まず石鹸箱の蓋を開け、心の中で「どうぞ、ご覧ください！　これこの通り、なんの不正もございません」と高らかに宣言しながら、「どうだ！」という気分で刑務官たちに箱の中を見せた。刑務官たちは、なにかこう気怠《けだる》い表情で、「わかった、わかった」というように無言で頷いた。続いて俺は、タオルを力いっぱいバタバタと振り回した。

「ああ、いや。そうやたらと振り回さなくても、いいんだ。このように」

担当さんは、タオルをつまんで、軽く上下に揺する。

「フワフワ、と振れば、それでいい」

「わかりました！」

俺は素直にそう言って、今度は軽く、フワフワとタオルを上下に振った。

●簡素な生活

房に戻ると、いきなり、することがなにもなくなった。

読むべき本もない。取材すべき人間も店もなく、暇潰しに入る映画館もなく、喫茶店もゲームセンターもない。

（さて、困ったぞ）

昨日までの生活が、なんとなく頭に浮かんだ。毎日毎日、何人もの人に会って、話を聞いた。写真をあたふたと撮り回って、図書館で資料を次から次から探し回った。いろんな企画書を作って、打ち合わせでああだこうだと喚《わめ》き合い、電話をかけまくってスケジュール調整とか、締め切りの調整とか、インタビューの申し込みとか変更とか、とにかく休まる時間がなかった。その合間に本を読み、そしてまた原稿を書き、睡眠のサイクルが完全に乱れていて、時間が不規則にあくから眠ろうにも眠れず、寝る前は必ず酒を呑まなければならなかった。目が覚めると必ず二日酔いで、それをシャワーで宥《なだ》めつつ、また外に出てたくさんの人に会い、電話をかけまくり、写真を撮りまくり、ヨレヨレになって原稿を書く。

そんなこんなが、いきなり、全部消えてなくなった。することがなにもない。これは、とても空虚で恐ろしいことのように思えたが、けれども、なにかとても贅沢なような感じもした。俺は、数年ぶりでただただ「ボーッ」とする時間を得ることができた。今までは、年末年始でも、貧乏な〈フリー・ライター〉としてギリギリまで取材に駆け回り、そして正月は原稿を書いて、雑誌社の仕事初めまでに記事を五本上げる、というような暮らしだったのだ。それがいきなり、確かに監禁されているとはいえ、ただただ机の前に座って、ボーッとしていればいい、ということになった。退屈で死にそうだ、というのはひとつ正しいが、一方で、「ああ、しばらくぶりにゆっくりできる」という喜びもあった。

という感じでボーッとしていたら、ドアが開いた。担当さんが立っていて、その後ろに、小柄な受刑者が、なにか荷物を持っている。

「仕事を教えるから」

と言われて、その初老の受刑者から、仕事のやり方を教わった。札幌にある〈メガネの富士〉というメガネ屋さんの、紙袋を畳む仕事だった。

なにほどのこともない。ただひたすら、丁寧に紙を畳めばいいのだ。

以後、俺は四泊五日、仕事の時間には紙を畳み、食事の時間には食事をして、休憩の時には休憩し、運動しろ、と言われれば運動して、寝る時間には寝る、という生活に入った。これを一カ月続けろ八年続けろと言われたら、おそらく俺は耐えられない、と思う。だが、四泊五日だ。俺はこの簡素な生活を楽しみ、そして、心と体の元気が、どんどん回復するのを実感した。

夜も、「酒を呑まずに眠れるだろうか」と心配したが、いつも夜九時の消灯とほとんど同時に、ぐっすりと眠りに落ちた。

シャバで、よっぽど疲れていたんだろうな。

第3章　受刑者の日々

●爽やかな目覚め

刑務所の一日は、見るもの聞くもの初めての経験ばかりで、とても充実していた。とにかく、朝の目覚めが爽やかなのには驚いた。酒を一滴も呑まずに、タバコをまったく喫わずに、適量の三度の食事で規則正しく過ごすと、夜は九時にはぐっすりと眠りに落ちる。そして翌朝、六時四十分の起床チャイムまで、まっしぐらに眠ることができた。なんと、睡眠時間九時間四十分、約十時間。いや、夜九時の消灯前に、夕食後の〈就床時間〉（十八時〜二十一時）も、布団を敷いてゴロゴロウトウトしていたので、少なくとも、それらを合計すると、刑務所内では俺は一日十二時間近く寝ていたことになると思う。

これはやっぱり、日頃とても消耗して暮らしていたということなんだろうな。あるいは、なんのかんの言っても俺は〈することがない〉状態は退屈で退屈で死んでしまうから、それならいっそ、ということで、脳ミソのどこかが覚悟を決めて寝ることにした、ということなのかもしれない。それとも、ただ単に俺がバカだ、ということかもしれないが、とにかく四泊五日程度の日程で、そして独居房であれば、刑務所は非常にのんびりと元気回復を図ることができる、リハビリテーションの場、つまりリゾート施設である、と言っても過言ではないだろう。リゾートじゃない、というなら、リトリートと言ってもいい。

ここで、通常の刑務所の一日に沿って、刑務所生活のあれこれを紹介してみよう、と思う。通常、というのは、つまり刑務所の平日、ということだ。日曜・休日と、第二・第四土曜日は、〈免業日〉といって、休日なので、この日はなにもしなくてもいい。刑務所はいち早く隔週週休二日を導入していたらしい。もしかすると、今は完全週休二日になっているかもしれないな。

というわけで、札幌刑務所の一日だ。

●一日の始まりはオードリー・ヘプバーン

朝、いきなり天井のスピーカーから、『踊り明かそう』という曲がチャラララ〜ラ〜ラ〜と元気よく流れてきたので、最初の朝は仰天した。ご存知だろうか？　映画、というか舞台から映画になった、というか、ああややこしい、原作は、というか話のネタはバーナード・ショーの『ピグマリオ』で、それを『マイ・フェア・レディ』というタイトルのミュージカルにしたものがブロードド・ウェイで大ヒットして、それで映画化されて、映画の主演はオードリー・ヘプバーンで、とっても綺麗で可愛かったけれども、ああ、それにしても、オードリー・ヘプバーンもオバアチャンになって、結局死んじゃったっけなあ、でも、あの映画はそれなりに楽しかった。ヘプバーンが、憧れの教授に軽く抱き締められて踊って、その嬉しさでもう眠れずに「一晩中でも踊れるわ！」と大喜びして歌い踊る、その時の曲なんだが、大きな謎は、「なぜこれが、刑務所の起床の音楽なんだ？」ということだ。右にざっと書いたこの曲の由来の、どこにも〈刑務所〉と関わりのありそうな事柄はない。それなのに、なぜ、この曲が？

いやもちろん、別に意味はない、と言えばそれまでだ。別に刑務所と関係がある必要はないだろう。刑務所の起床の音楽が『網走番外地』のテーマとか、『大脱走』のテーマだったりするのは、やはりまずいし、『おお牧場は緑』とか『ピクニック』とかだと、「外へ出たい」という受刑者の気持ちを刺激するかもしれない。「ぼ〜くらっは、みんな、生〜きているぅ〜」の歌も、あれは明るくていいけれど、「ミミズだぁ〜って、オケラだぁ〜って、アメンボだぁ〜って〜」という部分の「だぁ〜って」という言葉が、とかくすさみがちな受刑者の気持ちを悪く刺激するかもしれない。かと言って、中島みゆきの歌で一日が始まるのはイヤだし、でも、ユーミンの曲でプリズン・ライフのクラウディ・モーニングを迎えたくはないな、という気持ちもあるだろう。今更、『お〜い、中村君』で目覚めても始まらないし、

『おもちゃのチャチャチャ』で前科八犯の凶悪殺人犯無期懲役の男が目覚める、というのもグロテスクだ。だから要するに、無難な曲であればなんでもいい、結局『踊り明かそう』なんてのは、なんの意味もないからこれでいきましょうよ、なんでもいいんだから、ということなんだろうと思う。誰が選曲したのか知らないが（法務省矯正局の役人かな？）、ただ適当に、たとえば〈工場作業能率向上ＢＧＭ集〉だとか〈運動会ＢＧＭ集〉（というようなアルバムが、販売されているわけです）などから適当に、意味なく選んだんだろう。

だがしかし、俺はもうちょっとこだわりたい。この曲の背後に、実は熟慮に熟慮を重ねた、深〜い戦略、法務省矯正局の確固たる意志があるような気がしてならないのだ。

『マイ・フェア・レディ』とはどういう映画だったか。これは、シャーロック・ホームズの時代のロンドンを舞台にした物語だ。おおざっぱに言うと、この大都会の〈下層〉世界で、下品に不潔に生きていた若い娘を、イギリスの〈中流階級〉知性派の代表選手のような大学教授が、ちゃんとした言葉遣い、マナー、教養そのほかを教え込んで、とびきり上等の〈淑女〉に育て上げる、という調教・矯正映画なのだ。このことを、選曲者は、強く意識していたのではないか、と思う。下品・不潔な生まれであっても、きちんと調教・矯正されて、ちゃんとした言葉遣い、マナー、教養そのほかを身につければ、一人前の人間になれるのだ、ということを、選曲者は言外に伝えたいのではないか。それとも、そういう自分の気持ちを象徴するものを、この『踊り明かそう』の中に見ていたのではないか、そんな気がするのだ。

たとえば、この『マイ・フェア・レディ』の中にはほかにも素敵な曲がいっぱいあるのだが、『運が良けりゃ』という歌もあって、これは、適当に生きてても、「運が良けりゃ」金持ちになれる、気楽に生きられる、ということを下層の男たちが歌い踊るカッコイイ歌なのだが（メロディも素敵！）こんな歌を、刑務所の目覚めの音楽に持ってくることはできないだろう。やはり、下品・不潔だった娘が、教授の調教・矯正のおかげでどんどん上品・清潔になっていき、その過程で、教授に淡い（かどうか、はっきりとはわからないが。結構、淫液ヌルヌルの生臭い〈肉欲〉だったりするかもな）恋心を抱いて、誉《ほ》められてちょっと抱き締められて、嬉しくなって有頂天、「一晩中踊れるわ！」と歓喜する、という調教・矯正担当者との、熱い心の交流を歌ったこの歌こそ、刑務所の目覚めにふさわしい、ということになる。

ただまぁ、『マイ・フェア・レディ』は単にそれだけでは済まない話で、本来、調教者・矯正者だった教授が、自分が〈作った〉つもりの〈淑女〉に恋をしちまって、今度はその娘の思う通りに操られたりするわけだが、おそらくそこまでは、この選曲者は目配りをしていない。また、原作の『ピグマリオ』も、これはなかなか複雑で（ショーおじさんが結構ヒネクレていた、という事情もあるが）、調教や矯正の不自然さと、それから〈自然〉の限界を

「どーだ、このバカども」と見せつけるだけで、「じゃぁ、あなたはどうすればいいと思うんですか？」と聞かれたら「フン」と口を歪めるしかない、というような話でもある。実際、同じく刑務所や調教・矯正の問題がポップに踊り回る『時計じかけのオレンジ』でも、「それじゃぁ、いったい、アレックスはどうすりゃいいんですか」と聞くのはヤボだよ、という映画だった。好きな映画だから、これは、批判ではないけれども。少なくとも、「社会が悪い」ってのは、今の時代に流行らないグチだとして、結局「どうしょうもねぇよなぁ」ということになってしまうのが、『時計じかけのオレンジ』で、そして『ピグマリオ』で、その『ピグマリオ』の雰囲気は、まぁこっそりと、『マイ・フェア・レディ』にも漂っていて、しかし、それには気付かずに、法務省矯正局（かどこかの）選曲担当者は、わりと真剣に検討したつもりで、自分の意図を盛り込んで、さりげなく、『踊り明かそう』を刑務所の目覚めの曲に選定したのだろう、というのが、俺の勝手な解釈だ。

とにかくまぁ、そんなワケで、ほかの刑務所のことはよくわからないが、少なくとも札幌刑務所では、受刑者たちは「チャラララ～ラ～ラ～、チャラララ～ラ～ラ～、チャ～ラ～ラ、ラ～ラ～ラ～……」というひたすら明るい曲と「受刑者のみなさん、朝が来ました……」というような可愛らしい女の子の声に励まされながら、布団を上げたり身支度をしたり、掃除をしたりして朝を迎えるのである。

●〈臭いメシ〉は臭くない

で、次に朝食だ。配膳車のガチャガチャという物音がして、食事のニオイが漂う。そして、ドアの下の物品出し入れ用の窓が開いて、アルミかなにかのお盆に載った食事一式が差し入れられる。

さっきも書いたが、刑務所の食事は、やや化学調味料のニオイが強いものの、言われるほどに臭くはない。そして、メニューもそれなりに、考えられている。一日目の昼食のメニューは前に書いたから、ここで、それ以後の、メモに残っているメニューを列記してみよう。

■一日目夕食

・巨大なパン
・団子どっさりの汁粉どっさり
・キャベツとニンジンを刻んだもの
・バナナ
・マーガリン、マヨネーズ

最初の夕食がこれだったので、いささか驚いた。主食がパン、というのはまぁバリエーシヨンのひとつとして納得はできるが、そのスープというか、副食が丼いっぱいの汁粉で、中に団子がいっぱい入っている、というのは意表をついている。

さすがにこの時はパンを半分残したが、これほど逸脱したメニューは、俺が刑務所ライフをエンジョイしている間は、この時だけだった。ベテラン受刑者にとっては、こういう想像外の食事も、「目先が変わって」おもしろいものなのかもしれない。特に不満の声は聞こえず、暴動も起きなかった。だが、「食事というのは、基本的にしょっぱい味のもの」と思い込んでいた俺は、「さて、オヤツは済んだぞ。食事はなにかな？」という気分でその後の時間を過ごすことになった。

■二日目朝食

・麦混じり飯（たっぷり。以下、同じ）

・白菜おひたし（鰹節のせ）

・ノリ佃煮

・汁（たっぷり、具たっぷり）

モロ粗食、という感じがするが、ノリ佃煮がたくさんあったし、汁も具が多かったので、満腹した。北海道のあちこちにある「格安民宿」の中には、ほぼこのような朝食を出すところも、それほど珍しくない。まぁまぁ、特に不満はなかった。なにしろこっちはワルモンだし。

■二日目昼食

・麦混じり飯

・焼き豆腐料理

・あとなにか二品（記録・記憶なし）

・汁

全体にメモがそっけなく、なんの感想も書いていないので、おそらくツマラナイ食事だったんだろう。だが、特に不満はないようだった。

■二日目夕食

・麦混じり飯

・カツ一枚

・キャベツ＆ニンジン炒め

・ソース

・ケチャップ味マカロニ

・汁（コンブスープ、卵とじ）

「今日の夕食はけっこうなボリューム」とメモしている。たっぷり食べて、満足した記憶がある。このメニューを見ると、前日の夕食とは違って、なにかこう、〈コンセプト〉のようなものが存在しているらしいことに気付く。

■三日目朝食

・麦混じり飯
・味噌汁（白菜どっさり）
・ナスビつけもの（俺の好物）
・貝の佃煮

いかにも「日本の朝食」という感じだ。粗食だが、栄養のバランスはそれなりに取れているから、理想的な食事、ということになるだろう。

で、実はこの日、つまり三日目に、俺の出所手続き、というか釈放準備が始まったのだった。朝食後、明後日に迫った釈放に向けて、〈領置調べ〉（おととい調べて刑務所に領置したものが、ちゃんとあるか確認する）とか、健康診断、〈言い渡し〉（つまり、明後日に「刑期が満了するから、釈放するよ」と告げられる）などがあって、そして「釈放の時に返却するから」と言われて、検閲のためにメモを取り上げられた。マズイことがあったら、削除することもあるよ、と言われたが、結局メモしたものは全部生き残っていたが、この三日目午前以降の事柄は、メモすることができなかった。

そんなわけで、覚えている最後のメニューは、三日目の昼食だ。

■三日目昼食
・麦混じり飯
・汁（カシワそば）
・おかず二品
・ブドウ半房ほど

だいたい、こんなところが、刑務所のメニューだった。雰囲気は感じられるだろうか。味付けは、深みはないが、まぁ、これでしかたがないだろう、と納得できる程度には不満なく食べられる。おそらく、予算は少ないんだろうし、それになにしろワルモンのための食事だから、おおざっぱに作ってるんだろうな、という感じはするが、しかし、ところどころに細かな気配りがあって、やはり人間の仕事だ、と感じた。なかには二日目の夕食のように、とにかくカロリー計算のツジツマ合わせ、というようなものもあったが、しかしあれも、たとえば〈甘味品〉とかいうようなカテゴリーがあって、味覚や素材に偏りがないように気を遣った結果、という感じがしないでもない。

とにかくひとつ言えるのは、刑務所の食生活に関して、俺は不満をほとんど感じなかった、ということだ。もちろん、カツと野菜炒めとマカロニを前にすると、当然ビールとか、あるいは日本酒、ウィスキーなんてのが欲しくなるわけだが、俺は素直で聞き分けがいい人間だから、素直に状況を受け入れて、酒なしで四日間を食べ終えたのだった。

●メニューの苦労を思いやる

長く病院に入院したりしている人（特に、ベッドからあまり動けないような病気の人）は、「食事だけが楽しみだ」というようなことを言うことがある。その感じは、よくわかる。俺も、まぁ「食事だけが」とまでは思い詰めなかったけれども、とにかく食事を楽しみにして時間を過ごしていた。朝のチャラララ〜ラ〜ラ〜で目覚めたり、せっせせっせと袋を折ったりしている時に、配膳車のカチャカチャという音が聞こえて料理のニオイが漂ってくると、瞬間、歓喜の衝撃が背骨を貫くほどだった。

おそらく、受刑者生活を長く送っているベテラン受刑者とか、あるいは雑居房でさまざまな人間関係・社交生活を持っている人々の中には、それほど食事を大切にしていない人もいるかもしれない。アルミのお盆の上の料理を見るたびに「ケッ！」と忌々しそうに呟く人もいるかもしれないが、俺は、なにしろ刑務所の食事というのは初めての経験だし、それにひとり暮らしの独居房で、孤独な生活を送っていたから、食事の時間が楽しみで楽しみでしかたなかった。

食事というのはとても大切なもので、そして単に栄養摂取ということだけではなくて、いろいろと味付けしたり、メニューのバリエーションを工夫したりすることが、どれほど人間の〈文化的な生活〉に必要なことか、ということを感じた。知的・肉体的エリートが集う宇宙ステーションと札幌刑務所を同列に置いては申し訳ないが、しかし、宇宙ステーションで食べる宇宙食のメニューをあれこれいろいろと工夫するのも、やはり同じようなことなんだろう。

俺は初めて知ったのだが、刑務所のメニューは、ただ単に栄養士の人が、予算とカロリーをあれこれ勘案して工夫するだけのものではないのだった。房の中にあった小冊子によると、メニューを決定するのは、担当栄養士さんと、それから受刑者たちの代表である、献立委員会の委員たちの希望・提案をすり合わせる形で、決まるらしい。そしてまた、元旦などのようなお祝いの日には、ちょっとしたご馳走が出たり、あるいは季節感を感じさせるような献立にしたり、いろいろと工夫をしているらしい。

とにかく俺は刑務所に入って、食事というものの大切さに、改めて気付いたのだった。

●「お茶！」

食事の大切さに改めて気付いた俺だが、しかし、どうしてもピンとこなかったのが、お茶の大切さだった。

とにかく、札幌刑務所では、お茶をとても大事にしていた。もしかすると、日本各地の刑務所でもそうなのかもしれないが。いや、きっとそうなんだろうな。

俺の最初のお茶体験は、一日目の夕食だった。ドアの下の方にある出し入れ窓から、アルミのお盆に載せた夕食を受け取った。前にも書いたように、巨大なパンと膨大な汁粉とキャベツ&ニンジンのミジン切り、バナナというユニークな献立で、それを机の上に置いてしみじみとびっくりしていたら、出し入れ窓がもう一度開いて、なにかしきりに言っている。

俺はなんのことかわからずに、「は？」と何度も聞き返したのだが、ちょっとナマリが強くて、しかも言っていることの想像がつかないから、全然理解できなかった。ただ、なんとなく「お茶」という言葉が聞こえたような気がしたので、「はぁ、なるほど。食事の時にはお茶が出るのか」と思い（この判断は正しかった）、流しのところにあるコップを差し出した（この行動は、根本的に間違っていた）。だが、ドアのところにしゃがみ込んでいるらしい、ナマリの強いオジサンのイライラ、そして連発される言葉は収まらない。

「は？　違いますか？　お茶じゃない？　えーと、……すいません、どうすればいいんでしょうか？　あのう、僕、今日の昼にこっちに来たばかりなんで、まだよくわかんないんです。初めてなもんで」

　すると、外のオジサンは、「ボール、ボール！」と怒鳴る。

「は？　ボール？　この部屋には残念ながら、ボールは持ち込んでいないんですけど……」

　ああ、いったいどうすればいいんだろう。また、自分の不注意か不慣れかで、誰かに迷惑をかけてしまう。領置調べの時も、無駄な手間をとらせてしまって、今度はボールか。申し訳ない。だが、ボールって、なんだ？

「そうでない！　ボールだ、流しの！　プラスチックの！」

「は？　ああ、そのボウル。なるほど。わかりました。ええと、このボウルをお渡しすればいいんですか？」

「そうだ、そうだ。一番大きいヤツだ」

　流しのところには、プラスチックのボウルが数個あった。その一番下の、一番大きなものを穴のところに置いた。すると、いきなり穴からヒシャクがニュッと入ってきて、そのボウルに湯気の立つ熱い番茶を注ぎ込んだのだった。僕は感心した。

「へぇ〜！　そうか、こうやってお茶をもらうんですね」

「ああ、そうだ」

「こんなにいっぱい、くれるんですか」

「そうだ。食事時間以外でも、お茶は飲んでいいんだぞ」

オジサンは教えてくれる。

「はぁ〜、ナルホド」

俺は感心しながら、ボウルの熱い番茶をコップですくってみた。すると、オジサンは、

「バカこの！」と言う。

「は？」

「おめぇだら、な〜んも知らんべ」

「はぁ、どうも初めてなもんで……」

そりゃ、俺だってそれなりに、たとえば〈ライター〉としてはプロだったりするから、「初めて」などという言葉が弁解の理由にはならない、ということは肝に銘じている。とはいうものの、やっぱり初めての時はちょっと戸惑ったりするもんだ。

「そうか。初めてか。したらなぁ、教えちゃる。ボールのお茶ば、ヤカンにあけれ。して、お茶飲む時は、ヤカンからコップに注いで、飲め」

「ボールから、コップですくって飲むな」

「はい」

「みっともないべさ」

「そうですね」

「あ、ナルホド」

　という、これが俺と刑務所のお茶との初めての出会いだった。


　刑務所が、〈お茶〉を大切にする、その態度は並みではない。というか、それほど〈お茶〉を飲む習慣を持っていなかった俺は、刑務所のお茶の扱いに深く感心した。

　まぁ、そりゃ、頭ではわかる。刑務所には、気晴らしはほとんどない、と言ってもいいだろう。みんな、特に独居房では、黙々と仕事をしている。休憩時間にできることは、ウチワでパタパタとあおぐか、本を読んだりなにかノートに書くくらいしかない。それ以外にできることは、食事と排泄、そして体操くらいなもんだ。その中で、〈お茶〉というのは貴重な気晴らし、数少ない気分転換の手段なんだろう。

　だが、それにしても、なぜあんなにお茶にこだわるのか、俺にはとうとうピンとこなかった。シャバでは、人と会う時は昼間だったら喫茶店でコーヒーを飲みながら、どこかの会社に打ち合わせに行くとコーヒーかお茶が出る、原稿を書いている時はインスタント・コーヒーを飲む、食事の後にはお茶とかコーヒーを飲む、ということが普通だった。だが、どうもこれらの気晴らしは、俺には必要不可欠なものではなかったらしい。刑務所に入ってまで、お茶をガブガブ飲もう、という気にはなれなかった。

ところが、刑務所で出されるお茶は、ガブガブ飲まなければ飲み尽くせないほどの量だったのだ。三度の食事のほかに、午前中の休憩前にも一度、合計一日四回、お茶が配給される。しかも毎回、大きなボウルになみなみ注いでくれるのだ。毎日毎日、大きなボウル四杯のお茶を飲むことになる。これは、俺にとってはなかなか大変なことだった。

だから一度、午前のお茶の配給の時に、

「まださっきのが残っているから、今はいりません」

と言ってみた。すると、オジサンは非常なショックを受けたような声になった。

「あ？　なぬ⁉」

「いえ、ですから、朝御飯の時のお茶がまだ……」

「ぬるくなってるべさ！」

「あ、ああ、はい。確かに、ぬるくなってはいますが……」

「ボール出せ！　熱っついお茶、注いじゃるから！　ボール出せ！」

「いや、でも僕はあまりお茶は飲まない方で……」

「お茶飲まないば、なに飲むのさ!」

「はぁ……」

「熱っついお茶、注いじゃる! ボール! ボール出せ!」

どうも、お茶はいらないとか、お茶はあまり飲まないとか言うと、このオジサンの心を傷つけることになるらしいな、という感じがしたので、僕はボウルを出した。ヒシャクが、確信と善意に満ちた力強さでニュッと入ってきて、湯気の立つ〈熱っつい〉番茶をジャッと注いで消えた。

以来、俺はあのオジサンの確信と善意を傷つけないように、一所懸命頑張ってお茶を飲んだのだが、やはり飲み切れず、もったいないことに、余った番茶を毎日流しに捨てることになってしまった。

●いよいよお仕事

という感じで朝食と第一回目のお茶の配給が終わると、当然ながら食べて、飲む。食べ終わったら茶碗など食器類をアルミのお盆に載せて、出し入れ口の前に置く。それから竹の箸を自分で洗って、歯ブラシと一緒に立てておく。言われた通り、お茶はヤカンの中に入れて、後で飲めるように保存しておく。で、汚れた食器が下げられたら、〈朝点検〉というのがある。ドアの前に正座して刑務官がやって来るのを待つ。ガチャガチャと重苦しい金属性の音がしてドアが開くと、数人の刑務官が立っている。それに向かって両手をついてから、体を起こし、刑務官の目を見詰めて、自分の呼称番号を怒鳴る。

ここで、俺はいつも失敗してしまった。俺は数字に弱いのだ。十ケタ近くあったような気がする呼称番号を、自信を持って覚えることができなかった。だいたいわかっているのだが、「ええと……一三八……ちょっと待ってくださいね、ええと、……一三八……六、だったかな？　あれ？」

というような感じになってしまう。自分でも情けないのだが、刑務官はもっと情けない顔でこっちを見ている。叱られるか、と思ったが、こっちを見る厳《いかめ》しい顔は、頭の中で（どうせこのバカはすぐにいなくなるんだから、相手にしても始まらない）と考えているらしい。（はい、もういいよ、サヨナラ）という感じで、冷たくあしらわれていた、という記憶がある。

で、その朝点検が終わると、いよいよお仕事の時間だ。これ以後の刑務所の一日は、左記の通り。

作業開始、二時間強で休憩。その休憩の前に、お茶の配給がある。で、この休憩の時間に、「モーニング・ストレッチ」という体操をする。それから作業再開、二時間で昼食。この時に、当然ながらお茶の配給がある。この午前中の時間に、もしもその日が〈運動日〉であれば、「運動」がある。外に出て、三十分運動をするのだ。この「運動」に関しては、また後で書く。で、昼食後作業再開、二時間で休憩。この休憩の時には、「房内体操」というものを行なう。それから作業再開し、二時間で夕食。この時にまたお茶の配給がある。このあとは作業はなくて、夕点検の後は〈就床〉だ。布団を敷かなければならない。ただ、眠る必要はなくて、机の前に座って本を読んでもいいし、横になってゴロゴロしてもいい。就床から、ラジオ放送が開始される。そして夜九時になると、ラジオが中断されて、明かりがグッと暗くなる。就寝だ。ぐっすり眠れば、また明日の朝、チャラララ〜ラ〜ラ〜で目覚めることになる。

で、お仕事だ。前にも書いたが、俺の仕事はメガネ屋さんの紙袋を畳む作業だった。一日目、昼食を食べ終わった後で、先輩受刑者（おそらく、この作業の責任者なのだろう、と思う）が丁寧にやり方を教えてくれた。

まず、紙の箱に百枚ほどの、片側を糊で張り合わせた紙袋を入れたものを渡された。メルヘン調のイラストが可愛らしい。ウサギやリスなどの小動物が、熱気球や雲に乗って、楽しそうにしている。虹もかかっている。こんな可愛らしい夢一杯の情景に、札幌刑務所三舎下二十五号室昼夜独居房で出会うなどとは予想もしていなかった。

で、この紙の筒の底になる部分を畳んで、折り目をつけて、ノリをつけやすいように準備するのが俺の仕事だった。小柄で人柄の良さそうなオジサンが、「こうやって、ここで揃えて、こう押しつけて、こう曲げて、この道具でゴシゴシこすってクセをつけて、こっちを下にしてこっち向きに、全部揃えて、ここに並べるんだよ」などと教えてくれる。とてもわかりやすくて丁寧で、優しい人柄が滲んでくるんだが、それにしてもこの人も受刑者で、つまり犯罪者で、（いったいどんな犯罪をやらかしたオジサンなんだろう）と俺は心底不思議だった。

ここでちょっと説明すると、こんな風にひとりひとりに仕事の手順を説明したり、仕事の道具とか材料を配ったりするオジサンは、おそらく〈模範囚〉であるらしい。そのほかに、食事を配膳してまわるオジサンとか、お茶を配給するオジサンとか、汚れた食器を回収してくれるオジサンとか、これはみんな模範囚らしいんだな。後で紹介する、小冊子に書いてあった〈雑役夫〉という仕事をしているオジサンたちだろう、と思う。

俺は、房からは、自分の意志では一歩も出られないわけで、房の前の通路すら、自分の自由にならない〈外界〉であるわけだが、このオジサンたちは、通路は自由に移動できるようだった。だが、それにしても、この三舎から出ることはできないんだろうけど、それでも、一坪の中に閉じ込められている俺と、その一坪のほかに、相当の長さと幅のある通路を行ったり来たり、もしかするとジグザグに歩いたりできるらしいオジサンたちは、その世界の広がりに格段の差がある。そしておそらく、この〈雑役夫〉は、模範囚とかのような、素行良好の受刑者が任命されるのではないか、と思う。

さて、するとここで、ひとつ気になることがある。つまり、〈模範囚〉になるためには、ある程度の刑期が必要だ、ということだ。四泊五日で出所する俺は、どんな素行良好であって、模範的に受刑者ライフを過ごしても、模範囚にはなれないだろう、と思う。つまり、模範囚になるだけの時間的余裕がない。また、刑務所ライフはいろいろと時間割が複雑で、チャイムで時間の区切りを教え、受刑者はそれによって次の行動（仕事をやめる、とか、布団を上げる、とか、そのほかいろいろ）を準備するわけだが、やはりある程度長期にわたって刑務所生活の経験を積まないと、〈雑役夫〉としてきちんと仕事をすることができないだろう、と思うのだ。

となると、この、丁寧に優しく仕事を教えてくれたオジサンや、「お茶を飲め」と親身になって教えてくれたオジサン、そして後に出てくる、「本が好きなのか？　それなら、特別に本を借りてきてやる」と言ってくれた親切なオジサンは、みな模範囚で、つまり、刑期の長いオジサンたち（執行猶予がつかなかった）で、つまり、刑期が長いということを単純に考えてみれば、より一層悪いことをした人、ということになるわけだ。

人は見かけによらない。

まぁ、おそらく、刑期の長さと、それからその人の人間性は、あまり関係がない場合もママある、ということなのかもしれない。凶暴で、残忍で、極悪な人間が、重大な罪を犯す場合ももちろんあるだろう。だがしかしまた一方で、気弱で、優しくて、はっきりと自分を主張できずに、重大な犯罪に手を染めてしまう人も、当然ながら、俺たちは想像することができる。

俺は、どうしても、あの〈模範囚〉のオジサンたちが、悪人だとは思えなかったのだ。しかし、現実にあのオジサンたちは、長期の懲役判決を受けるに相応の犯罪者であるらしい。ということはつまり、俺も含めて、普通の人間は、なにかの拍子に、犯罪者になってしまう可能性が皆無ではない、ということだ。別に十八キロオーバーのことを考えているわけではない。駅のプラット・フォームで酔っ払いに絡まれて、突き飛ばしたらそいつがフォームから落ちて、そこに電車が突っ込んできた、ということだってあるだろう。恋人や、あるいは自分の子供が、危ない目に遭わされて激怒し、その相手をぶん殴ったらそいつが死んでしまうこともあるだろう。大手の取引先のオエラ方に「なんとかひとつ……悪いようにはしないから」とかなんとかやんわり強要されて、うまく抵抗できないうちに、ヤバい取り引きに巻き込まれて、気が付いたらそれが摘発されて、共犯として逮捕されることもあるだろう。

もちろん、この世の中には、人に迷惑をかけるのが楽しいというバカもいる。暴走族だとか、犯罪常習者というのもいる。根っからの悪人、というのもいるし、犯罪以外には生計を立てる道がない（つまり、なぜかまともに働けない）、という人間もいる。だが一方で、ヒョンなことで〈犯罪者〉になってしまう場合もあるのだな、と、俺は実感したわけだ。もちろん、こういう小説はいくらでもあるんだが、それが現実にあることなのだ、と改めて痛感した、ということだ。

ただまぁ、あの〈模範囚〉のオジサンたちも、もしかしたら極悪人かもしれないけどね。それならそれでまた、別な意味で「人は見かけによらない」ということをしみじみ感じる、というわけだ。

●勤労の大切さ

で、さて。俺は〈模範囚〉らしきオジサンに、仕事の手ほどきをされて、メガネ屋さんの紙袋折りの仕事を始めた。これはつくづく、昔あった（今もあるか？）〈内職〉という雰囲気で、なにかこう、手仕事の喜びを味わうことができた経験だった。

まず、道具を使いこなす喜びがある。というか、まず俺は、〈道具〉を見て感動した。人間の定義がいくつかある中で、「人間は道具を使う動物である」というようなものがあるのはみなさんご存知。まぁ、実際には、人間以外にも道具を作り、用いる動物は存在する、ということがわかってきているけれども、しかしとにかく、道具を工夫して作成し、それを使ってきちんとした仕事をしようとするのは、すぐれて人間的な営みである、と言っていいだろう。その味わいを、俺は札幌刑務所の中で実感したのだった。

この紙袋折りの道具は、三つあった。ひとつは、板に木の棒というか、小さな角材を釘で打ち付けたもの、もうひとつは木でできたヘラのようなもの。最後に、丸くなった、小さな木のカケラ。俺は、この三つの道具を駆使して、紙袋にきちんと折り目を入れる作業を習ったわけだ。

この道具の雰囲気を、なんと伝えればいいだろう。これは、市販の、出来合いの道具ではなかった。誰かが、おそらくは先輩受刑者の誰かが、またその先輩から教えられて、工夫して作ったものだろう。ただ単に板に木を打ち付けただけの道具だが、使い勝手がとてもよく、そしてよく使い込まれていて、歴史をありありと感じさせる道具だった。

俺は、箱の中に入っている紙の筒を数枚取って、小さな角材に揃えて並べる。すると、筒の片方の端が板からはみ出すので、そこに木のヘラを押しつけて、丁寧に折り目をつける。いったん折り目がついたら、そのまま数枚まとめて折り曲げ、木のカケラでゴシゴシとこすり、折り目をきつくする。それから、今度は一枚ずつ折り目をゴシゴシとこすり、揃えてまとめて箱に戻す。

最初に渡された百枚を畳み終わったので、俺はドアの上の方にある〈報知器〉の突起を押した。すぐに刑務官が「どうした」とボソリと呟くので、「とりあえず、百枚畳み終わりました」と告げた。すぐに、さっきのオジサンがやって来る。ガチャガチャとドアが開き、オジサンが通路に膝をついている。その後ろに刑務官が無表情に立っている。

「できたかい？」

オジサンが言った。

「はい、これ」

俺は、畳んだ百枚を入れてある箱を差し出した。

「ごくろうさんだったね」

オジサンはそう言って、百枚をトントン、と揃えた。

それらは、そうやってまとめてみると、俺のようなシロウトの目にも明らかなほど、不揃いで不格好だった。

「う〜ん、そうね、……まぁ、初めてにしては、よくできてるかな？」

オジサンはそう言ってくれたが、これは明らかに「慰め」の言葉だった。それからオジサンは、まず最初にきちんと揃えないと、後で全体が不揃いのガタガタになることを、実演してわかりやすく説明してくれた。そして、「あんまり焦らなくていいから、落ち着いて、確実にやってごらん」とアドバイスしてくれたのだ。

そして極めつけは、最後のセリフ。

「こっちは、私がやり直しておくから、あまり気にしないで、今度は頑張ってな」

俺は、すっかりしょげてしまって、「ハイ」と元気ない返事をするのがやっとだった。オジサンは、今度は二百五十枚の紙筒を箱に入れてくれて、「急がなくてもいいから、確実に、丁寧にね」と穏やかにアドバイスして、俺の出来損ないを持って行った。

で、一日目はその後すぐに夕食になったので、オジサンは俺が途中まで畳んだ紙筒を取りに来た。作業の材料、道具などは、朝配布して、夜の作業終了の時に回収するらしい。畳んである数十枚を見て、オジサンは、「ほう、だいぶウマクなったねぇ」と言ってくれた。「ペースも速くなってるし。いいよ」とも言ってくれた。俺は嬉しくなって、「明日も頑張ります」と答えたもんだ。

仕事ってのは不思議だな。

俺だって別に、紙袋折りが、とっても重要な仕事だとは思っちゃいない。仕事や職業には上下はない、とはいうものの、やっぱりそれはタテマエであって、〈国境のない医師団〉とかに志願して、戦乱の中にいる難民の医療行為に挺身する仕事と、札幌刑務所の独居房でメガネ屋さんの紙袋を折り畳む仕事には、自ずから上下の区別はある。末期ガンの苦痛を少しでも和らげ、患者のクオリティ・オブ・ライフを高めよう、と頑張る医者と、富良野のなんとか、という喫茶店の〈おすすめメニュー〉を紹介するライターには、当然の話だが、仕事の上下の区別はあるだろう。燃えさかるビルの中に飛び込んで、怪我人を救出する消防士と、〈この店にはきっとなにかある！　金曜土曜は若者の店、ヤング・プラザへ！　男性2500円・女性1500円で呑み放題〉というコピーを書き流すライターとは、明らかに仕事の上下の区別はある。で、そういう意味では、紙袋折りなどというのは、本当にツマラナイ仕事だ、と俺は最初にそう思った。

だがしかし、やっぱり、そうじゃない。仕事というのは、「ケッ！　どうせよ、こんなもんよ、懲役のよ、罰としての暇潰しよ」などと思ってみても、やはりそれなりに、なにか重要なものらしいんだな、これが。

つまり俺は、まぁ、ほかにすることがなかった、という事情もあるんだろうが、それから、仕事を教えてくれた先輩受刑者の指導方法もよかったんだろうが、「ちゃんと頑張ろう！」と決意してしまったのだ。そして、手仕事というのは、丁寧にやれば、それなりにちゃんとした成果が出る。手を抜いてやったものとは比べものにならないほど、出来が違うわけだ。これは楽しい。

そしてまた、なんというか、俺は〈札幌刑務所ナショナリズム〉とでもいうべきものにも目覚めてしまったのだ。

（もし、俺がここで手を抜いて、いい加減な製品を作ったら）

と俺は真剣に考えた。

（札幌刑務所の評判に、ドロを塗ることになる）

メガネ屋さんの袋担当者が、こんなことを話している光景が目に浮かぶ。

「いやぁ、札幌刑務所さんの袋ねぇ、いつも出来が丁寧で、ウチら感心してたんだけどねぇ、なんか、今日の納品は、これ、仕上がりが雑だねぇ。この、底の畳み方がちょっとゾンザイな感じだよね」

刑務所の担当者が額の汗を拭く。

「はぁ、実は、中途半端なバカが入所しましてね。手ぇ抜いた仕事をするもんで、担当者がいろいろと指導したんですけどねぇ……いや、ホント、申し訳ありません」

「あやまられてもねぇ。……そのバカは、なにやった人?」

「ええ、あの、十八キロオーバーで……」

「へぇ……まぁ、あれだな、ちょっと今回の製品は、納品してもらうわけにはいかないね」

もちろん、あれだ。こんな場面は、実際にはないだろう。メガネ屋さんの担当者と札幌刑務所の担当者が直接話をすることもないかもしれない。刑務所の立場は、これはきっと、どっかの印刷会社の下請けの下請けの下請け、というあたりだろう、と思う。だが、それはこの際、大きな問題ではない。

先輩たちが、営々と築き上げてきた、札幌刑務所の製品に対する評価、その良質であるという評価を、俺の手で汚してはいけない。十八キロオーバーでおもしろ半分に入ったフザケタ存在である俺のせいで、札幌刑務所の伝統が揺らぐようなことがあってはならない。俺はなぜか、伝統工芸を継承する新人職人のような厳粛な気持ちになって、真剣に紙袋折りに向かわなければならない、という気分がモリモリと湧き上がってくるのを感じたのだった。

「マジメにやろう!」

俺は力いっぱいそう決心した。そして、仕事に如実に表れる、技量の達成の成果を心の支えにして、仕事ということの大切さを心に刻み込もうと決意して、一心不乱に、自分の仕事に専念した。

だがしかし、残念なことに、その翌日の三日目には釈放準備が始まったので忙しく、仕事はあまりできなかった。そして四日目は日曜日で、つまり〈免業日〉なので一日中休養で作業はなく、五日目には朝食後すぐに釈放されたので、俺は自分の決意を実行に移すことがほとんどできなかった。

無念だった。

●「しおり」に見る刑務所生活

俺は、本が読めないとアタマがおかしくなるという人間だ。だが、持ってきた本は、二十五号室昼夜独居房には持ち込めなかった。だから、休憩時間に読むべき本がなくて、アタマがおかしくなりそうになった。

仕事をしている時は、別にいいんだ。机の前に正座、あるいはアグラをかいて座り、一心不乱に紙を折る。だが、休憩時間は、本当に困った。休憩時間には、机の前で正座、あるいはアグラをかいて座るほかに、積んである布団に背中をもたれて座ってもいい。そして、ウチワでパタパタやって休憩してもいいのだ。だが、読むべき本がない。

そんなわけで、俺は休憩時間には、房に備え付けの小冊子を、何度も何度も読み返した。小冊子は四冊あった。

・「受刑者所内生活心得」（札幌刑務所）
・「既決収容者遵守事項」（札幌刑務所）
・昭和五十八年九月一日付「もしも地震が起こったら」（札幌刑務所）
・就業者作業安全衛生心得（法務省矯正局編）

この中で特におもしろかったのが、「遵守事項」と「生活心得」だ。いくつか抜粋してみよう。

まず、「既決収容者遵守事項」から。

前書きには、こう書いてある。

〈次ぎに掲げることは、君たちがこの施設に収容されている間（この施設の職員によって、護送される場合も同じ。）は、守らなければならない遵守事項です。これに違反すると、監獄法第五十九条によって懲罰を科せられることがあります。／なお、その違反が刑罰法令にも触れるときは、さらに、刑罰を科せられることもあります〉。

この、「君たち」という言葉が、なかなか凄味があるよな。役所から「君たち」と呼ばれるなんて、やっぱり「俺たち」は犯罪者だけのことはある。それでいて、〈遵守事項です〉〈あります〉という、丁寧な「ですます体」がなかなか素敵だ。〈守らなければならない遵守事項だ〉などと断言されたら、やっぱりムッとくる犯罪者もいるだろう。

で、この「遵守事項」の第一章は、〈拘禁作用を害する行為〉について述べている。

第一条は、〈逃走〉だ。〈逃走し、または逃走することを企ててはならない〉。そりゃそうだろ、と俺は思わず爆笑してしまった。第二条は〈自殺企図〉だ。〈自殺することを企ててはならない〉。

ここでちょっと考えてみよう。この第一条と第二条の文章は、ともに「逃走」「自殺」というふたつの禁止行為について述べている。ところが、「逃走」は、「逃走し、または逃走することを企て」ることを禁止しているわけだが、「自殺」は、「自殺することを企て」ることだけを禁止している。この違いはなんだろう。「自殺」だって、「自殺し、または自殺することを企ててはならない」と書いたって別に構わないんじゃないか。あるいは、「逃走することを企て」ないで「逃走」することはまず有り得ないんだから、どちらも、「することを企ててはならない」と書いてもいいんじゃないか。

だがしかし、どうもそう単純な話ではないらしい。つまり、逃走した者と、逃走することを企てた者は、どちらも処罰することができる。だがしかし、自殺した者と、自殺することを企てた者は、完全に別の者だ。自殺した者は、もうすでに死んでいる。従って、自殺した者は、処罰することはできない。だからきっと、「自殺し、または自殺することを企ててはならない」とすると、自殺した人も処罰しなければならないから、話が面倒とか、そんなことまでしてどうなる、という問題が出てくるため、〈自殺〉に関しては「企て」ることだけを処罰の対象として、自殺に成功したものは、無視する、ということになっているのだろう。

厳密なものだ。

このあたりの事情は、第五条〈自傷〉の文章からもうかがうことができる。これは〈自傷し、または自傷することを企ててはならない〉となっていて、自分で自分を傷つけても、とりあえず死んでいなければ処罰できるから、これは実行・企図ともに処罰の対象になっているんだろう。

ほかには、第七条の〈異物えん下〉というのも、いかにも刑務所らしい。〈要求、または反抗などの手段として、給与された飲食物以外のものを飲み下してはならない〉。こういう事件は、映画や小説ではよく見るな。それから、〈不正交換等〉というのも、なかなか味がある。第十七条〈他人の物を盗み、脅し取り、だまし取り、若しくは壊し、または許可なく、他人のものをもらい、若しくは借りてはならない〉。第十七条の二〈自己の物を壊し、若しくは許可なく他人に与え、貸し、または廃棄してはならない〉。第十七条は、これは当たり前の話で、幼稚園の「お約束」の類ではないか、こんなことも守れないようではシャバに出たってすぐまた戻ってくることになるぞ、というような「きまり」だ。だが、第十七条の二、これは、ちょっと意味が違う。つまりここで述べられていることは、刑務所の受刑者は、たとえ個人の私物、「俺の物」であっても、それを自由にすることはできない、ということを述べているわけだ。「俺の物」というのは、俺が自由にできるから「俺の物」であるわけだが、「俺の物」なのに、許可を得なければ他人にあげたり、貸したり、捨てることすらできない。これじゃ、「いったいどこが、〈俺の物〉なんだ」ということになるだろう。受刑者というのは、まぁ、基本的に（ヌレギヌというのもよくある話らしいが）自業自得である、とはいえ、〈所有権〉すら制限を受けるものであるわけだ。

それから、第四章には、〈他人に迷惑を及ぼす行為〉が述べられているが、これも結構おもしろい。

第二十二条〈他人に暴行を加え、または加えることを企ててはならない〉。当たり前だろ、という意見が、やや通用しない世界なのかもしれない。第二十三条〈他人とけんかをし、口論をし、若しくはこれらの原因を作り、またはこれらのことを企ててはならない〉。どの世界でも、人間関係というのはややこしいものらしい。第二十四条〈公然と他人を中傷し、ひぼうし、若しくは侮辱し、または他人に対して粗野な言動をしてはならない〉。人柄のいい犯罪者もいるだろうが、ヤクザもんなんか、丸ごと粗野な言動だったりする人間もいるから、こういうことも「きまり」として決めておかなくてはならないんだろう。第二十六条〈けんか、脅迫など不正な目的のため他人を呼び出し、または呼び出すことを企ててはならない〉。呼び出し、というのがいいね。中学生のケンカみたいで、味わい深い。

あと、やっぱり興味を引かれるのが、第五章だ。

第二十七条〈性的行為〉〈他人との間で、または他人に対し、性的行為をしてはならない〉。最初にこの文章を読んだ時、俺は驚嘆した。この分析的な思索の深さはどうだ。性的行為を、「他人との間で」の行為と、「他人に対して」の行為に分けるという、この論理展開。これは、ただ者ではない、と俺は思ったね。いったい、どのような情景を想定しているか、簡単に想像がつきますよね。ソープランドと、ファッション・マッサージの違いだ、と言えばいいでしょうか。もちろん、同性同士ではありますが、まぁ、つまりその。

さて、それではいったい、自分ひとりで行なう性的行為はどうなのか。これについては具体的に記述はありませんでしたが、次の規則は、ひとりで行なう性的行為の禁止、ということにつながるのでしょう。

第二十八条〈わいせつな露出〉〈故意にわいせつな、又は嫌悪の情を起こさせるような行為をしてはならない〉。なるほどね。まさか、「既決収容者遵守事項」というような、イカメシイ題名の小冊子に〈オナニー禁止〉などとは書けないから、きっとこういう表現になったんだ、と思いますね。

で、こういう風にタテマエ上は禁欲生活を強いられていると、やっぱりあれですね、欲望が溜まって、アタマが爆発しそうになるかもしれない。で、エッチなものを求める気持ちが高まる。だが、それでアタマを爆発させるわけにはいかない。

第二十九条〈わいせつ絵画等〉〈わいせつ絵画、又は文章を他人に見せ、若しくは他人が見得る状況に置き又はこれらの行為をすることを企ててはならない〉。俺なんかきっと、長期懲役の判決を受けて、雑居房に収監されたりしたら、おもしろ半分に、そしてもしかしたら小遣い稼ぎに（閲覧代として、出所したらこの口座に一冊につき百円振り込んでくれ、とかさ）ポルノ小説を書いてみんなに読ませたい、などと考えるかもしれない。イラストの才能のあるヤツは、スケベな絵とかを描いて同じようなことを考えるかもしれない。だが、それは禁止されているわけだ。

で、極めつけは第三十条〈同きん〉だな。この〈同きん〉てのはつまり同衾、つまりひとつの布団にふたり（あるいはそれ以上）で一緒に寝ることだ。〈就寝に当たっては、他人と同きんしてはならない〉。う〜ん、なんとも、セックスというのは、奥深く、そして物哀しいものでありますなぁ。とにかく、ひとつ言えるのは、やっぱり、好きな相手と同衾するのは素敵だよな、ということだ。

で、まぁ、性的行為問題はこれくらいにして、実際に刑務所に入ってみて改めて実感するのは、まぁ、俺の場合は独居房だったんで、ほかの犯罪者の方々とはほとんど接触がなかったんだが、廊下ですれ違ったりする、その数少ない経験から想像するに、つまり刑務所の客というのは、犯罪常習者であるヤクザもんの割合が、やっぱり大きいんだな、ということだ。入所の時のアンケートの交遊関係の質問もそうだったし、入れ墨、指の数、ペニスの〈真珠〉などの確認も、相当の割合のお客がヤクザもんである、ということを暗に示していた。で、この「遵守事項」の第四十五条〈不正交友〉の第二項は、モロそのまんまの規則だった。〈自己の所属する集団の誇示、自己の所属する集団で自己の地位を他人に伝え、又は交友する目的で他人とあいさつなどを交わしてはならない〉。

明確にわかりますね。この「自己の所属する集団」というのは、たとえば「日本医師会」とか「文部省」とか「光文社」とかいうのではない。それらの「集団」は、別にいいんだろうな。「私ですか？　シャバでは、日本医師会の理事をしてました。愛人にせがまれて、女房を殺しましてね」なんてことを言ったって別に問題ではないんだろう。もしも刑務所の中で同じ日本医師会の顔見知りの北海道支部代議員なんかと出会ったら、「やぁ、先生、お元気ですか？　私ですよ、私、常任理事やってたアヅマです。先生は、なぜこちらへ？　はぁ、そうですか。収賄。製薬会社から？　それがバレた。ああ、大学病院なんだ、先生のところは。それは災難でしたね。私は、女房殺しましてね」と「あいさつなどを交わ」すのは問題がないんだろう。ここで、「自己の所属する集団」と書いてあるのは、もう、ただひたすら、「暴力団」のことであるのは明確だ。

もしかすると、刑務所の世界では、「集団」というと、それはストレートに「暴力団」のことなのかもしれない。

で、法律調で非常に硬い文章が続く「遵守事項」とは違って、「受刑者所内生活心得」の方は、優しい「ですます体」で、やんわりと生活の心得を述べてある。まぁ、それほど常識から大きく外れるものはないが（それだけに、笑える、と言えば言えるが）、目を引いたのは、「十一生活指導」の（五）、教育行事・クラブ活動及び体育レクリエーションの、（エ）だ。〈所内誌、所内新聞として「北光」「時計台」があり、文芸作品やそのほかの作品を投稿することができます〉と書いてある。刑務所で文芸雑誌と新聞が作られている、というのは盲点だった。だが、確かにそれは当然だろう。読んでみたいと思ったが、これらが置いてあるのは図書室で（図書室くらいあるさ、当然）、そこに行けるのはマトモな懲役の方々だけらしいので、残念ながら読むことはできなかった。

それから、「十九保険衛生及び医療」の（四）、運動だ。〈運動は心身の健康のために行なうものですから積極的に参加してください〉というのは、まぁ「そうですね」と思うだけだが、「ア　工場就業者」の人たちの、〈ア　免業日、入浴日、降雨又は積雪のため運動場が使用できない日を除き、一日三十分の戸外運動を行ないます〉という「運動」にあたっての注意がいい。〈イ　戸外運動は、運動場で行ないますが、ソフトボールなどの競技ができます。競技のルールをよく守り、審判の判定に従うようにしてください。また、応援は、はげましのために行なうものですからゆきすぎのないように注意してください〉という文章が、いかにも刑務所らしくて俺は感動した。

受刑者にはいろんな人がいる、というのは前にも書いたが、それにしても、基本的には「ルールをよく守」ることができなかったから、札幌刑務所にいるんだろう。だからやっぱり、ルールをよく守りましょう、と呼びかけるのは、必要なことであるわけだ。また、なかには、本来「はげましのために行なう」はずの「応援」を、はげましのためを遙かに越えて、大きく「ゆきすぎ」てしまう人も多いだろうな、ということも予想される。気の荒い連中も多いんだろうから、応援が「ゆきすぎ」ると、結構な騒ぎになるんだろう。

気の荒い連中が多いんだろう、というのは、俺の偏見でもないし、また先入観でもない。事実、刑務官がそう言ったのだ。最初に俺の居室である三舎下二十五号室昼夜独居房に案内されて、備品の利用の仕方をざっと教えてもらった時のことだ。

「で、トイレは、ここを引くと水が出る。使用後は、必ず水を流すように」

と教えてから刑務官はこう言った。

「それでね、夜は、あまり使わない方がいい。夜、といっても、まぁ九時が消灯だけど、これを過ぎたら、あまり使用しない方がいいよ。いろいろとね、気の荒い連中も多いから」

俺は、気の荒い連中が多いのが刑務所だ、と思い込んでいたので、やっぱりそうか、と納得したね。それにしても、俺は独居房で、頑丈なドアに守られているから、いくら気の荒い連中が多くても大丈夫だ、と思うのだが、やっぱり、夜にトイレを流して、どこか遠くからでも「ウルセェ！　バカヤロウ！」などと罵声が聞こえたら、そりゃやっぱりおっかないよな。で、ドンドン、とか音がして、刑務官が走るカンカンという音がしたら、これはやっぱり、「ああ、いらない迷惑をかけてしまった！　十八キロオーバーでおもしろ半分に入所したばっかりに」と俺はイヤな気分になるだろう。だから素直にアドバイスに従って、俺は夜はトイレを使わなかった。

●「運動」の意味

ところで、この「生活心得」にも出てくる「運動」だが、これはことに俺のような昼夜独居房の受刑者にとっては重要なものだった。

　雑居房の方は、いわゆる病院で言えば大部屋で、きっと作業も工場とか、あるいは『網走番外地』なんていうような映画によると、農場とか山奥の工事現場とかで働くんだろう。これは結構、運動をすることができる。また、〈昼夜独居房〉というのがあるなら、〈夜独居房〉というのもありそうだ。つまり、昼間はほかの受刑者と工場とか農場、工事現場などで働いて、夜は独居房で寝る。なにかの事情でそういう暮らしをしている受刑者もいるのかもしれない。だが、俺は〈昼夜独居房〉に暮らしているわけで、基本的に、朝起きてから夜寝るまで（というか、寝てからも起きるまでずっと）〈一坪庵〉で暮らしているわけだ。運動量が非常に少なくなるのは目に見えている。

　俺は、あまり「運動」は好きではないが、しかし、ず〜っと〈一坪庵〉で暮らしていると（しかも、作業の時間は、机の前に座っていなくてはならないのだ）、どことなく体のジョイントがギスギスしてくるのを感じた。

　で、運動の必要性を実感するようになる。

　さて、そこで、当然ながら、法務省矯正局は、受刑者の心身の健康を考えて、暮らしの中に運動の時間を取り入れている。

〈一坪庵〉のドアの横の壁に、二枚のイラスト付き紙が貼られていた。二枚とも、スマートな男性が体を折り曲げたり腕を振ったり、腰をひねったり上体を前に倒したりしている、丁寧な図解だ。タイトルもついている。上の紙は、「モーニング・ストレッチ」。その下に貼ってあるのが「房内体操」。

モーニング・ストレッチは、「モーニング」というからには、午前中に行なうように決められた「ストレッチ」だ。朝食・朝点検が終わって作業開始。二時間後に、その日最初の休憩があって、お茶の配給がある。「熱っついお茶だ！」と係りの模範囚のオジサンがヒシャクでジャッと入れてくれたお茶を飲んでいると、いきなりスピーカーから、リズミカルな音楽とともに、可愛らしい女の子の声が俺を運動に誘う。「疲れた体を、モーニング・ストレッチでほぐして、今日も最後まで安全に頑張りましょう！」なんてことを言う。それから、いよいよモーニング・ストレッチだ。両手を振り回し、飛び跳ね、体をひねり、体側を屈伸し、時には床の上に座ってウンウン唸る。

初めのうちはね、ちょっとバカにしてたんだ。なにも、独居房に入ってまで、みんなで揃ってラジオ体操でもないだろ、という感じ。実際に、このモーニング・ストレッチは、強制ではないらしい。俺がリズミカルな曲を聞きながら「あ〜あ」などと溜息をつきつつお茶をすすっていても、窓からのぞき込んだ刑務官はなにも言わなかった。

だがしかし、落ち着いてお茶を飲んでいても、なにか落ち着かない。なんとなく、「運動、いいんじゃないの？」という気分になってきた。「肩をグリグリ回したりさ。腕を振ったり。別に問題ないんじゃない？」という気分。「別に、誰が見てるワケでもないしさ。飛び跳ねるくらい、まぁ、ちょっとやってみても、どうってこと、ないよな」。だがしかし、「ま、やめとこ。わざわざ。バカらしい」と、お茶をズズズ～ッとすすって、首をコキコキ動かす。「ずっと座って、手ぇ動かしてるのも、疲れるもんだな。体がギクシャクしてら」。お茶を、ズズズ～。目は、なんとなく壁の「モーニング・ストレッチ」のイラスト解説に向かう。可愛らしい女の子の声が、可愛らしく言う。「さぁ、次は腰の運動。グイッとひねりましょう！」。えーと……と、俺はイラストを眺めた。「腰の運動ってのは……あ、これか。……ふーん。腰、確かにギクシャクしてるんだよなあ。で？　次は？　体側？　つまり、こうか？」

　俺は、立ち上がって、元気いっぱいモーニング・ストレッチを始めていた。

　これがまた気持ちよくてね。多分、俺はあの時生まれて初めて徒手体操というのをマジメにやったんじゃないだろうか。実際、爽快だった。

　そして、午後の休憩の時には、もう迷わずに「房内体操」を熱心に行なうようになっていた。

　そして、体操にはもうひとつ、独特のおもしろさがあった。〈一坪庵〉でスピーカーからの音楽に合わせて、「モーニング・ストレッチ」あるいは「房内体操」を行なうと、いかにも独居房らしい体験を味わうことができるのだった。

〈一坪庵〉のドアの覗き窓から見えるものは少ない。視野が非常に狭いのだ。前の通路と、それから通路を隔てて向かい側にある独居房の覗き窓しか見えない。そして、向かい側の独居房の住人の姿は、当然ながら見えない。通常は、机の前に座って、自分の作業をしているからだ。

だが、「モーニング・ストレッチ」にも、「房内体操」にも〈その場跳び〉の運動があった。直立し、膝を充分に屈伸させ、リズミカルに、一、二、三、四、とその場でジャンプする。そのジャンプの一瞬、向かい側の住人と覗き窓越しに目が合うのだ。向かいの部屋の人は、典型的な受刑者カットの、典型的なヤクザ顔の青年だった。彼も、マジメに、いささか憮然とした顔で、独居房で跳ねている。俺はなんとなく嬉しくなって、ジャンプのたびに笑いかけたのだが、これはずっと無視されてしまった。まぁ、いいさ。別に寂しくないぞ。

そのほかに、ずっと独居房に閉じこもっていなくてはならない昼夜独居房の住人のために、「運動日」というのがあった。俺の場合は、二日目が「運動日」に当たっていた。午前中、メガネ屋さんの紙袋を折っていたら、刑務官がドアを開けて、「運動日だから、運動する。

「運動靴を持って、出なさい」と言う。俺は、素直に「はい」と返事して、通路にスリッパを置き、その上に降りた。言われた通り、手には運動靴を持った。

「タオルは？」

年輩の、小柄な、いかにも〈世話焼き〉という感じの善意に満ちた刑務官のオジサンが、不思議そうに言う。

「は？」

俺は意味がわからない。

「なんでしょうか？」

「いや、タオルさ。タオル、いらないのか？」

「タオル……」

俺は絶句した。十八キロオーバー、札幌刑務所三舎下二十五号室昼夜独居房、運動日、運動、運動靴、はげましのための応援、モーニング・ストレッチ、房内体操、いろんな言葉が頭の中でグルグル回ったが、どうしてもそれらと〈タオル〉という言葉とのつながりがわからない。

「さぁ〜て……」

俺は困惑して、とりあえず無意味なことを言った。

「タオル、タオル、と。そうですね。タオルですね」

俺が呟くように言うと、刑務官のオジサンは、心底不審、という顔つきで、こう言った。

「そうだよぉ。タオルさ。タオル、持ってけばいいっしょ。タオル、持ってきなよ」

依然として意味がわからないが、とにかく、なんらかの理由で、この刑務官は、「運動にはタオルを持って行けばよい」ということをアドバイスしてくれているらしい。

「わかりました」

俺は言って、流しの脇のタオルかけから、官給タオルを手に取った。オジサンは、にっこりと笑って、「そうだそうだ」というように頷いた。

で、房から出て、刑務官に向かって直立不動の姿勢をとる。これは、房を出入りするときの〈きまり〉だ。一拍置いて、オジサンが歳に似合わぬ張りのある声で怒鳴った。

「歩きませ〜い〜!」

まるで歌舞伎の登場人物になったような気分で、俺はヒョコヒョコと、片手にタオルをぶら下げて、手に運動靴を持って、制服の刑務官について歩いた。

昼夜独居房の受刑者は、あくまで孤独だ。「運動」する時も、運動場のようなところではかの受刑者の方々と触れ合うことはない。俺が「運動」したのは、コンクリートの壁に扇型に囲われた空間だった。ちょうど、丸いケーキの中心にイチゴを載せて、その周囲をみんなに分けるべくナイフを入れた形を思い浮かべればいい。イチゴのところが監視台で、周囲の扇型に切られたケーキが、ひとりひとりが運動する空間だ。そんなに広くはないが、両手両足を振り回すことはできる。高い壁に囲まれてはいるが、天井がないので、直射日光が降り注ぐ。久しぶりに太陽の光に当たった、と感動したが、よく考えたら、刑務所に収容されてまだ二十四時間も経過してはいないのだった。

だが、それにしても、〈外〉の空気はいい。日の光も素敵だ。だが、それにしても、どうやって「運動」すればいいんだろう。俺はちょっと考えたが、別にどうしよう、という知恵も浮かばなかったので、とりあえず、コンクリートの壁に沿ってグルグル歩いてみた。一周十秒弱。三周したら飽きた。まだ三十秒しか経過していない。運動の時間は三十分だ。俺は完全に時間を持て余した。

それで、とりあえず覚えたてのモーニング・ストレッチを演じよう、と思った。だが、音楽なしでやるのはなんとなく気分が出なくて、中途半端な気分でやめてしまった。

(別に、無理に運動しなくてもいいなぁ)

と俺は思った。

(どっちにしても、しあさっては出所だ)

別にわざわざ運動しなくても、日光に当たっているだけでも、充分気持ちいいし、気晴らしになる。俺は、コンクリートの壁に寄りかかって、顔を空に向けて目を閉じた。瞼の裏が赤い暗闇になる。

(日の光だなぁ……)

と、「ぼ〜くらっは、みんな、生〜きている〜」という感じでそれなりに気分を噛みしめていたら、監視台の方から俺に呼びかける声がした。

「お〜い」

「は？」

「お〜い」

「は？　あの、僕ですか？」

「そうだ、君だ。君、……君ね」

「はぁ」

「君ね、……跳べ」

「は？」

「いや、……跳びなさい、跳んでいいんだよ」

「は？」

「いや、あのね、運動の時はね、跳んでいいの。跳んでいいんだよ。みんな、跳ぶんだよ」

「あ、そうですか。跳んでも、いいんですか」

「そうなんだ。跳んでもいいんだ」

「それじゃ、跳びます」

昼夜独居房の受刑者たちは、きっと、跳ぶのが好きなんだろう。で、監視台のオジサンは、俺が初めてなもんで、遠慮して跳ばないでいる、とでも思ったのかもしれない。とにかく、なにかの命令で「跳べ」と言っているのではなくて、善意で、「跳んでもいいんだよ」と言ってくれていることはわかったし、別に俺にはほかにすることも、したいこともなかったから、とりあえず、オジサンの善意に応えるためにも、俺は跳んでみせた。

ピョンピョン。

「そうだ、そうだ」

オジサンは嬉しそうに言う。

「気分が、すっとするしょ」

「はぁ、確かに」

俺はそう答えて、ずっとピョンピョン飛び跳ねた。しばらく跳ねていると、疲れて汗が出てきた。それでも、とりあえず「これはいい運動だぞ」と思ったので、ずっと跳ねた。そのうちに、また監視台の方からオジサンが声をかける。

「お〜い」

「はぁ？　僕ですか？」

「うんうん、君だ。あのね、君ね」

「はぁ」

「疲れたら、跳ぶのやめてもいいんだよ」

「あ、そうですか。じゃ、疲れたので、やめます」

「そうだな」


壁に寄りかかったり、ブラブラ歩いたり、そして時折飛び跳ねたりしているうちに、運動時間である三十分は波乱なく過ぎた。

「はい、終了」

と言われたので、俺は言われた通り、扇型の根元に戻ってドアを通り、「中」に入った。刑務官に囲まれながら、運動靴をスリッパに履き替えた。汗が出ている。

(こりゃ、確かにタオルは必要不可欠だ。持ってきてよかったな)

と思いながら、タオルで汗を拭った。それから、刑務官について房に戻る態勢に入ったら、さっきの善意の〈世話焼きオジサン〉風刑務官が、また不思議そうに言う。

「タオル、……」

「は？」

「いや、タオル、……タオル、濡らさなくてもいいのか？」

心底不審、こいつはなに考えてるんだ、という表情で、俺を見詰める。

「タオル？　濡らす？」

俺はまた混乱した。どういう意味だ？

「さぁて……」

十八キロオーバー、札幌刑務所三舎下二十五号室昼夜独居房、運動日、運動、運動靴、はげましのための応援、モーニング・ストレッチ、房内体操、いろんな言葉が頭の中でグルグル回ったが、どうしてもそれらと〈タオルを濡らす〉という事柄とのつながりがわからない。

俺は絶句した。

「タオルを！　この水道で！　濡らせばいいっしょ！」

世話焼きオジサンが、「じれったいな、もう！」という感じで言う。

言われてみると、そこには水道の蛇口があって、タオルをすすいだりできるようになっている。うん、これでタオルを濡らして、顔を拭くと気持ちがいいだろうな。

「あ、そうですね。ありがとうございます」

俺は言って、刑務官が見守る中、水道の蛇口をひねった。冷たい水が勢いよく噴き出す。俺はタオルをすすいで固く絞った。水を止めて顔を拭く。さっぱりした、いい気持ちだ。で、立ち上がって、また直立不動の姿勢を取った。これが札幌刑務所の〈きまり〉だからだ。すると、世話焼きオジサンは、「ホントにもう！」という感じの顔つきになった。イライラしている。「じれったいな、こいつは！」という雰囲気だ。

「暑い日なんだから！　シャツ脱いで、タオル濡らして、体、拭けばいいっしょ！　こうやって！」

オジサンは、タオルで首の後ろや脇の下、胸、脇腹などをゴシゴシこする仕種をしてみせる。

やっと意味がわかった。

「あ、そういうこと、してもいいんですか」

「いいんだよ、別に。それに、今日は暑い日なんだから！」

俺はお言葉に従って、手早くシャツ・丸首シャツを脱いで、タオルを濡らして上半身を拭いた。冷たくて気持ちがいい。「運動」で火照った体が、喜んでいる。俺はとりあえず、そうする方がオジサンが喜ぶだろう、と思って、サービスのために声を出した。

「ヒャー！　冷たい！　気持ちいい！」

オジサンは、いかにも嬉しそうに「ウン、ウン」と頷いて、言う。

「そうだ、そうだ」

で、体を拭いて、シャツを着ようとしたら、オジサンはまた、こう言った。

「足は？　足、洗わなくていいのか？」

「あ、それもいいんですか」

「そうだよ。暑い日なんだから」

「はぁ、わかりました。……ヒャー！　冷たい！　気持ちいい！」

「そうだ、そうだ」

やや気疲れしたが、体は爽快になった。

●読書の時間

前にも書いたが、俺はヒマな時に本が読めないと、頭がオカシクなるたちだ。だが、持参した本は房に持ち込めなかった。だから、休憩時間には、備え付けの小冊子を何度も何度も読んだ。その、本を読む姿を「覗き窓」から見ていたのかもしれない。〈雑役夫〉らしい中年の、小太りの受刑者が、ドアを軽くドン、と叩いた。覗き窓を見上げると、不精髭のちょっとオッカナイ顔のそのオジサンが、いきなり「本が好きなのか?」と言った。

「はぁ、そうなんです」

「単行本は入ってないだろ?」

「ええ」

オジサンは、プイとどこかに行ってしまった。と思う間もなく、すぐに戻ってきたら、いきなり下の物品出し入れ口から、二冊の本が差し込まれた。

「作業時間は、読んではいけないよ」

オジサンは、そう言い残して、去って行った。俺が、心の底から感謝したのは言うまでもない。

その時の二冊は、五木寛之の『蒼ざめた馬を見よ』と、それからなんと北原武夫の『霧雨』という短編集だった。なにしろ北原武夫だから、ちゃんとラブ・シーンやベッド・シーンもある。こういう本を、札幌刑務所三舎下二十五号室昼夜独居房で読み耽る、というのは、これはとても得難い経験だ。

それにしても、あの模範囚のオジサンは、今はどこでどうしているだろう、と思う。出所して、幸せに暮らしていればいいいな、と思う。房に備え付けの小冊子を何度も何度も読んでいる姿を見て、「本が好きなのか?」と声をかけてくれたあのオジサンは、きっと自分も本が好きなんだろう。もしかすると、所内誌「北光」の同人かもしれない。あるいは同人雑誌には背を向けて、とにかく本を読むのが好き、という人なのかもしれない。

ただ、この二冊の本の選択に、なんの好みも方針も感じられないではないか、だからこのオジサンは読書好きな人間ではないのではないか、という意見もあるだろう。だが俺は、もうちょっと深く考察してみたい。つまりまず、小冊子を何度も読み返していた俺を見て、「この男は、『活字ならなんでもいい』という、活字に淫した読書好きなのだろう、だから、本ならなんでもいいのだ」と正しく判断した、そう正しく判断できるほどに本好きの気持ちを理解しているオジサンなのではないだろうか。

ちなみに、この翌日、貸与された五木と北原を読み終わってしまったので、ちょっと厚かましいか、と思ったのだが、いったんハケ口を見つけた読書欲望は収まらず、俺は例のオジサンに「あのう、すみませんが」と言ってみた。

「読み終わったので、また別な本を貸してもらえないでしょうか?」

オジサンは、一瞬、ちょっとムッとしたような表情になったが、俺が下の出し入れ口から差し出した二冊を受け取って、プイと消えた。すぐに戻ってきて、「本当は、ダメなんだけどね」と言いながら、二冊入れてくれた。中井英夫の『見知らぬ旗』と、井上ひさしの『新釈遠野物語』だった。

このバリエーション。五木寛之、北原武夫、中井英夫、井上ひさし。ひとつの考え方として、この模範囚のオジサンは、実は読書とは無縁の人で、ただ、退屈そうにしている俺に同情してくれて、適当に本を持ってきた、ということも考えられる。だから、こんなにバラバラなのだ、と。

だが、しかし、俺はそうは思わない。このオジサンはきっと、「本が好きな人間の好みは、非常に多彩である」「だから、ある特定のジャンルに偏ると、この男にとって余計なことになってしまうから、とにかく幅広く本を選択しよう」「また一方で、この男は、おそらくジャンルなどにはこだわらず、活字であればなんでもいい、小説だろうが『受刑者所内生活心得』だろうが『原子力発電所の恐怖』だろうが『とっても素敵な原子力発電』だろうが、とにかくなんでも読む男だから、なんだっていいのだ」と、正しい判断を、しかも即座に下したのだろう、と確信する。

野《や》に遺賢あり。札幌刑務所に読書囚人あり。世の中は、そうそう簡単にはバカにできないものだ、と思う。

まぁ、もちろん、札幌刑務所の三舎の図書室にはこの四冊しか本がない、という可能性もないわけではないが、まさか、そんなことはないだろうねぇ。

俺は、本を差し入れてくれたこのオジサンに、心から感謝した。

いつもは、俺は本は寝ころんで読む。椅子に座って、机に向かって読んでいても、いつの間にか、気付くとベッドに寝ころんでいる。

だが、〈二坪庵〉では、休憩時間でも、寝ころんではいけない。作業時間は常に机の前に座って、作業しなければならない。休憩時間は、机の前に座っているか、あるいは積んである布団にもたれてウチワをパタパタするか、どちらかだ。寝ころぶことができるのは、夕食後の就床の時間以降だけ。だが、就床時間であっても、寝ころんで本を読んではいけない。本を読むなら、机の前に向かわなければならないのだ。

という〈きまり〉はあるんだが、やはり、通常の習慣というのは抜き難く、俺は布団に寝ころんで、本を読んでいた。すると、ドアがコンコン、と軽く叩かれた。覗き窓を見上げると、例の恩人模範囚のオジサンだった。

俺の顔を見て、真剣なコワイ顔をして、首を左右に振る。

俺は、卒然と悟った。

寝ころんで、本を読んではいけない。

そればかりではない。俺が寝ころんで本を読むことによって、俺に本を貸与させてくれた恩人模範囚オジサンに迷惑がかかるかもしれない。

俺は瞬間的に跳ね起きて、机に向かった。オジサンに迷惑をかけてはならない。十八キロオーバーで、おもしろ半分に入所して、もう充分、いろんな人に手間をかけた。迷惑をかけた。その上になお、恩人の立場を危うくしてはならない。これは、男と男の世界の話だ。

俺は、背筋をピンと伸ばして、まるで本居宣長のような姿勢で、本を読んだ。それまでは、ゴロンと寝ころんだ平賀源内だったわけだ。それから、おそるおそる覗き窓を見上げたが、そこにはすでに、もう誰もいなかった。

(オジサン、ごめんなさい)

俺は、心の中で呟いた。それほどに、俺はオジサンに感謝していたのだ。

●ラジオ放送

〈一坪庵〉ではラジオが聞ける。

だが、「ラジオが聞ける」と書くと、ちょっと違うかな、という感じがする。「ラジオが聞ける」ということは、「聞きたくなければ、聞かなくてもいい」という現実が、言外に含まれている。だが、〈一坪庵〉の実態は、そうではない。「ラジオが聞ける」のではなくて、

「ラジオの時間は、ラジオを聞かなければならない」という状態だ。

ただまぁ、聞き流す、ということはできる。だが、スイッチを切ることは、できない。

ラジオ放送が流れるのは、〈余暇時間〉だ。通常の一日では、夕食後、消灯までの〈就床〉(布団を敷いて、その上で横になっていてもいい)時間が、その〈余暇時間〉に当たる。そして、日曜・休日・第二・第四土曜の〈免業日〉は、これは一日中が〈余暇時間〉なので、起床から消灯まで、ほぼ一日中ラジオが流れている。さっき書いたように、スイッチは切れないし、それにチャンネルも変えられないが、気晴らしにはなる。

放送の内容はさまざまだ。おそらく法務省矯正局の、たとえば〈放送係〉とかいうような役所が作った(あるいは、作らせた)らしい番組。延々と演歌を流す時間。そして、ラジオ番組をリアル・タイムで流す時間。いろいろとバリエーションがある。

一日目の夜は、夕食後〈就床時間〉を告げるチャイムの後、いきなり演歌が流れ出したので、ちょっとうろたえた。娯楽として放送を流すということを知らなかったので、「これはもしかしたら、『就床時間のテーマ』なのかもしれない」と思ったのだ。だが、そうではない、ということがすぐにわかった。次々に演歌が続くので、どうやらこれは娯楽であるらしい、と気付いたのだ。

俺は演歌の知識がほとんどないので、誰のなんという曲かはわからなかったが、全体として、「更生や矯正という見地からすると、いささか問題が多いのではないか」という曲が多かった。男の意地、やらねばならない男の〈生きざま〉、そんなものを切々と歌い上げている。後悔もあるが、「しかし、それはしかたがなかった」と現状肯定に走る。これは少し問題なのではないか、と思った。もっとたとえば、当たり障りのない、男と女の恋の歌なんてのはどうか、と思ったのだが、しかし一方、そんな歌を流して、受刑者にサカリがついたらどうする、という配慮もあるんだろう。女性の歌もあるが、「あなたを信じて待ってるわ」「あなたお願い、きっと真人間になってね」「辛いけれども、ふたりで頑張りましょうね」「辛抱すれば、きっといいこともあるわ」「ふたりで手に手を取って頑張りましょうね」というような内容が多い。

てなことをぼんやりと考えながら、ウツラウツラしていたら、いきなり雰囲気が変わって、DJが登場した。これも可愛らしい女の子の声だ。

「受刑者のみなさん、コンバンハ」

なんて言葉で始まる、リスナーからのお手紙を紹介する番組だった。

「今日は、広島刑務所のT・Iさんのお便りです。タイトルは、『葛藤、そして出発』です」

いきなり、深刻なBGMが流れた。

「自分は、恩ある人の好意に報いるため、命ぜられるままに、殺人という、人間として、最も道を外れた行ないを犯してしまった者です……」

と、重苦しい手紙が朗読される。このT・Iさんは、不幸な子供時代を過ごし、〈人の情け〉というものを知らずに大人になった人だった。で、すさみ、ひねくれた生活を送っていたこのT・Iさんに、〈人の情け〉を教えてくれたのが、今の所属組織の親分である。親分は、T・Iさんに、〈俺を親だと思え〉と言ってくれた。で、その世界で生きてきたんだけど、対立組織との抗争が始まり、彼は親分の命令によって、対立組織の親分を殺した。これは男の生きる道であり、自分は正しいことをした、と思っていた。刑務所に入るのも、親分の恩に報いるためだった。

だがしかし、親分は、冷たかった。どうやら、出所しても、組に自分の居場所はなくなっているらしい。それになにより、妻と、それから三歳になる子供が、懐かしくて、哀れでたまらない。自分は、悪い夫で、そして悪い父親でした。子供が、「どうしてお父さんは、私と一緒に暮らせないの？　私、お父さんにだっこしてもらって眠りたい」と言っている、と妻の手紙に書いてあるのを読んだときは、自分は男泣きに泣きました。ああ、自分は、なんという人間だったんでしょうか。妻も、カタギになってくれ、と言います。人間、真剣に決心すれば、カタギになっても生きていけると思います。そう気付いた自分は、昨日、親分に、組から抜ける、と手紙を書きました。大恩ある親分に背くのは、辛い。だがしかし、自分は、組での虚栄に満ちた世界よりも、着実な、堅実な生活を選びます。地道でもいい、妻と、そして子供と、平凡でも平和な家庭を築きたい。

自分は、長きにわたる葛藤の末、新たな出発の道を選びました。

というような手紙が、延々と朗読されるのだ。日本各地で聞いておられるであろうリスナーの方々の多くは、「ケッ!」と思っているだろう、とは思います。だがしかし、やっぱり中には、「ケッ!」と言いながらも、ふと目頭が熱くなる人もいたのではないか、とも思うのですが、甘いかしら。

で、この日はその後なんだかよくわからない録音構成の番組（どうやら、NHKの一般放送の録音らしい）があって、その後また演歌が延々と流れて、消灯になった。


放送に関して、おもしろいことがあったのは、四日目の〈免業日〉だ。この日は、前に書いた通り、ほぼ一日中放送が流れていた。この、「ほぼ」というのは、以下のような事情による。もしも次の事件がなければ、きっと「ほぼ」ではなくて、完全に一日中（朝食から消灯まで）放送が流れていただろう、と思うのだ。

北海道には、AMの放送局は四つある。NHK第一第二と民放ふたつだ。で、昼食を境に、この日は午前中は民放A局、午後は民放B局が流れていた。このあたり、いかにもお役所らしい「公平」さで、おもしろかった。

さて、午後の民放の放送がニュースを流し始めた。政局のニュースなどが終わった。

「次のニュースです。今日、午前A時ころ、BCD市DEF区の路上で、GHI系暴力団幹部、無職JKさんが射殺されました。警察は」

ここで、ブツッと放送が切れた。いきなり、沈黙。

と思ったら、どこか遠くの方で、壁を殴るドンドンドンドン、という音が聞こえて、きっとどれかの房の中で、誰か受刑者が興奮しているらしい気配が漂ってきた。

これは興奮すると思うよ。

たとえば、俺がなにか長期の懲役で、そうだな、どこでもいいけど広島刑務所とかに収容されていたとして、ラジオから「次のニュースです。今日、札幌でマグニチュード8の地震がありました。市内は、いたるところ壊滅状態です」なんてニュースが流れてきて、「え〜！」と愕然としていたら、いきなり「被害地区は」ブツッと放送が切れた、というような状況だろう。

俺は、ドンドンドンの受刑者に、深く同情したね。

それから、ナイター中継がおもしろかった。

この年は、巨人がほとんど独走、という感じで勝ち進んでいた。そして、ちょうど俺が入所していたある夜、クライマックスが訪れたのだった。

その夜は、巨人—ヤクルトが放送されていた。そして、別な球場で行なわれている試合で、広島が負ければ、そして巨人が勝てば、九月初旬という異例の早い時期に巨人の優勝が決まる、ということになっていたのだ。巨人とヤクルトは、きわどい闘いを演じていた。そして、八時五十五分、広島が負けたということがわかった。これで巨人が勝てば、優勝だ。しかし、消灯は九時。いつも、九時になったら、ラジオは切れる。巨人—ヤクルトは、同点のまま、延長戦に突入した。八時五十七分。いったいどうなるんだ。俺自身は、プロ野球には興味がないが、受刑者の中に相当数存在するであろう野球ファン（もしかすると、経済的な利害関係を持っている受刑者もいるかもしれないではないか）の気持ちを想像すると、ハラハラする。九時。「消灯の時間です」といつもの女性のアナウンス。ああ、やっぱりそうか。これで放送は終了だ。暴動が起こらなければいいが。部屋の明かりが暗くなる。ラジオの音量が、ス〜ッと小さくなってゆく。サヨウナラ。

だがしかし、ラジオの音は、小さくなったけれども、消えなかった。そのまま、放送がひっそりと続く。

札幌刑務所三舎は、しんと静まり返っていた。

すぐに、巨人が勝った。サヨナラ勝ち、そしてサヨナラ優勝だった。

いきなり、ラジオの音が消えた。

しんと静まり返った三舎のどこかの房で、誰かがパチパチと静かに拍手をした。

●禁酒・禁煙・監禁

入所前、一番心配だったのは、禁酒・禁煙問題だった。

はっきり言って、俺は酒を呑む。自分で自分のことを〈手の付けられない呑んだくれ〉だ、とは思わないが、他人が俺のことを〈手の付けられない呑んだくれ〉だと思っているらしい、ということは薄々感じている。最近はあまりお金がないから（この本が売れるといいな）、あまり外では呑まないが、そのかわり、毎晩家で呑む。家で呑む、というのはどういうことか、というと、ベッドがすぐ近くにある、ということだから、酔い潰れるまで呑んでもなんら問題はない、ということで、だから、毎晩酔い潰れるまで呑む。というか、酔い潰れなければ眠れない、と思い込んでいた。

それからタバコだ。俺は両切りピースが好きで、大体一日に四十本は喫う。タバコなしでは一切仕事ができない、ばかりか、タバコなしでは歩くことができない（ただ歩くのは退屈だ）という人間だ。

その俺が、四泊五日の禁酒・禁煙に耐えられるだろうか。それが大きな不安だった。話によると、〈禁断症状〉というものもあるらしい。相当な苦痛であるそうだ。俺は、果たして酒・タバコ抜きの四泊五日に耐え得るか。

これは大きな不安だったが、実は俺は、こういう〈大きな不安〉に対処する方法を、小学校四年の時に編み出していたのであった。

きっかけは、江戸川乱歩だ。友だちの岡本君が、「これ、すげぇオモシレェぞ」と貸してくれたのが、乱歩先生の『地獄の道化師』だった。これが、確かに「すげぇオモシレェ」んだけど、それ以上に「とんでもなく恐エェ」小説だったわけだ。

俺は、夜、ひとりでトイレに行けなくなった。トイレに行って、窓から道化師がニタニタ笑っていたらどうしよう。そして、殺されたらどうしよう。そう思うと、いても立ってもいられなくなるのだった。これは、並大抵の恐怖や不安ではなかった。

だが、俺は、その大きな恐怖・不安を、克服することができたのである。どうやってそれを克服したか。

「岡本君は、僕よりも先にこの小説を読んだ。だが、彼は道化師に殺されていない。ほかにも、日本中に、この小説を読んだ人はいっぱいいるはずだ。だが、その人たちも殺されていない。ということは、『地獄の道化師』を読んでも、道化師に殺されない、ということは明らかだ。だから、僕も大丈夫だ」

この、「ほかにもこういう人は日本中にいっぱいいる、だから僕も大丈夫だ」という考え方は、学校でガラスを割って先生に叱られなければならなくなった時、母親のお使いで買い物に行ってサイフをなくしてしまった時、高校の数学で落第点を取った時、大学を浪人した時、大学を中退した時、子供がいるのに完全に無職になった時など、人生のいろんな節目に、俺を助けてくれた考え方だ。

その考えが、この時もまた、俺を助けてくれた。

「禁酒・禁煙を余儀なくされている人はいっぱいいるはずだ。医者に厳命されたり、あるいは、端的に言って、つまり刑務所に入っている人はいっぱいいる。それでも、みんななんとかなっているらしい。だから、俺も大丈夫だ」

「大丈夫だ。禁酒・禁煙でも死にはしない。おそらく、発狂することもないはずだ」

「いや、むしろ、強制的に禁酒・禁煙の状態になるはずだから、精神的葛藤は少ないかもしれない」

「それに、たった四泊五日だ。出所したら、浴びるほど呑んで、目が回るほど喫えばいい」

「そうだよな」

というワケで、俺は決然と、だがしかし、実は恐る恐る、禁酒・禁煙生活に突入したのだった。

悪癖の持ち主は、多くの場合、悪癖を自覚し、そしてそれを反省する。だが、反省する心の一方で、その悪癖の徹底を自慢する傾向がある。競馬で身を持ち崩した人間は、心の底から自分の競馬を反省するだろうが、その一方で、そこまで競馬に打ち込んだ自分を、ほんの少しであっても、いささか評価する心理があるだろう。愛人に溺れ、家庭を壊し、会社の金に手を付けて破滅した男は、その愚かな過去を心の底から悔やみ、「やり直したい」と思うだろうが、反面、自分のその経験を懐かしむこともあるかもしれない。

同様に、酒呑みも、〈問題飲酒〉などを繰り返して、「ああ、俺はもうダメだ！」と反省して、禁酒を誓ったりしても、その禁酒の誓いがあえなく破れてしまう時、なんとなくホッとしたりするものだ。逆に、「もう一滴も呑まない！」と宣言して、そしてなんの加減か、あっけなく禁酒に成功してしまったりすると、なんとなく拍子抜けがする。「いったい、今までの俺の根本だと思い込んでいた〈呑んだくれ〉はなんだったのか」と、過去を丸ごと否定されるような気分を味わうわけだ。

という気分を、俺も味わった。

禁酒は、まったく辛くなかったのだ。

まずひとつ、「どうせ四泊五日だ」という余裕があった、ということは言える。また、入所前の生活で、自覚はしていなかったが疲労が思いのほか溜まっていたらしく、就床時間からすでにウトウトし、またウトウトするのが快く、そのまま朝までぐっすり眠った、という事情もあるだろう。

だが、そういう事情を考慮した上でも、禁酒はあまり苦しくなかった。

「俺って、本当に酒呑みだったのかなぁ」

といささか不満になるほど、禁酒は辛くはなかった。確かに、夕食の時などオカズが豪華だと、「これで酒がいくらでも呑めるな」と思い、そして「だが、酒がない」と愕然とはしたが、それはある程度我慢できることだった。また、我慢できないとしても、ほかにどうしようもないので、我慢するしかなかった。

で、それとは対照的に、なかなか断念できなかったのが、タバコだった。これは、同時に、監禁という状態と密接に結び付いていた。

俺は日常、のべつまくなしにタバコを喫っていた。だが、そこには自ずから時と場合があって、たとえば眠っている時は当然ながら喫わないし、セックスしている最中も喫わない。料理をモグモグと嚙んでいる時も喫わないし、カラオケでマイクを持って歌っている最中にも喫うことはない。タバコを喫うのは、眠りから目が覚めた後、セックスで一段落ついた後、料理を飲み込んだ後、カラオケで歌い終わった後だ。あとは、仕事中、仕事の切れ目、読書中、そしてなにもしていない時などだ。

で、さて、俺は〈一坪庵〉でせっせせっせとメガネ屋さんの紙袋を折った。折り続けるわけだが、そこには自ずと「一段落」がある。この三十枚を畳んだら一服だ、というような、自分なりの目安がある。それを畳み終えて、一段落ついて、「やれやれ」と思い、俺はおもむろに立ち上がる。

「さて、一服だ」

この時、体の状況は、その根本から、タバコに向かっていた。部屋のドアを開けて外に出て、「あ〜、やれやれ」なんてちょっと体を伸ばしながら、ピースを一本箱から出し、トントン、と軽く箱に叩きつけて、口にくわえ、火を点《つ》ける。ちょっと喉を擦るようなケムリをまず深く喫い込んで、それからプワァ〜ッと……

ここまでの心の流れは、ほんの一瞬で、そしてとても自然だ。俺はドアを開けて外に出る態勢になり、ふと気付く。ドアの内側には、ノブも取っ手もなにもない。ドアは開けられない。タバコはどこにもない、火もない。

と気付いた瞬間、体の芯が、グラリと揺れた。脳ミソが、壁にブチ当たったような衝撃で揺すぶられる。

この時のショックは、なかなか言い表せない。想像してもらうのは難しいだろう。たとえば、ススキノで酒を呑んでいて、ホントにイイ女に出会ったとする。とんでもない美人で、体も素晴らしい。肌も素敵だ（このあたり、読者であるあなたは、自分の理想の女性を思い描いていただけばよろしい。また、あなたが女性である場合は、理想の男性を思い描いてください。あるいはまた、あなたが男性・女性を問わずホモ・セクシャルである場合にはまぁとにかく、理想のセックス相手を思い描いてください。私は、酒井和歌子さんを頭に描きながら、今この部分を書いております）。言葉を交わしたら、心も結構通い合う。そんなこんなで、スキになっちゃって、持てる技巧の限りを尽くして、その相手を誘う。相手も、なんだか応えてくれそうな気配だ。で、なんとなく雰囲気がよくなってきて、こりゃぁお手軽なラブホテルなんかじゃバチが当たる、と思って、とりあえずその夜調達できる範囲で最高のシティ・ホテルなんかを予約して、ふたりで閉じこもる。雰囲気、ますます盛り上がる。夜景を見下ろしながら軽く抱擁し、そして強く抱擁する。そして、相手を抱き上げて、バス・ルームに連れて行く。時間をかけて、ゆっくりと服を脱がす。

で、全裸にしてみたら、なんとその相手は、実はドラえもんだった。

というような、モノスゴイ衝撃であるわけです。

ただ、ドラえもんの場合は、こっちは「ワァ！」と悲鳴を上げて逃げ出すことができるが、〈一坪庵〉ではそれはできない。

「ああ、そうか。そういやぁ、俺、今、刑務所にいるんだった」

と心の中で寂しく呟き、机の前に戻るしかない。

「やっぱり、お茶はありがたいか」

などという思いを噛みしめながらぬるいお茶をズズッとすすり、それからまた、淡々と紙を折り始めるわけです。

だが、数分後、再び俺は立ち上がる。外に出て、ちょっと一服。そこでまた激しい衝撃。ドラえもんだ。俺は再び、寂しく座り、ズズッとお茶をすする。こんなことを、本当に四泊五日の服役期間中、一日に何十回となく繰り返したわけだ。

第4章　社会復帰へ向けて

●出所準備

何度も書いたが、俺の服役期間は四泊五日だった。で、それを曜日で書くと、木・金・土・日・月の五日間だった。日帰り旅行とか、一泊二日の旅、あるいは「ロンドン・パリ・マドリッド・バルセロナ五日間の旅」などというパック・ツアーと比べると、ひとつの宿に四泊するというのは、非常にのんびりゆったりとしたリッチな日程であるような気がする。

だがしかし、実際には結構慌ただしかった。それは、普通のホテルと違って、チェック・イン、チェック・アウトが非常に手間がかかる、という理由による。

そしてまた、出所が月曜であるので、その前日の日曜日は〈免業日〉で、刑務官たちもまあ、おおむね休みの日で、業務はしない。だから出所準備は土曜日午前中に行なう、ということになったので、慌ただしさはなおさらだった。

木曜日の昼に入所して、まず昼メシを食べ、風呂に入り、仕事の手ほどきをされて半日働いた俺は、翌金曜日、これは運動をはさんだものの、丸一日、ひたすら作業をした。そして労働の喜びを実感し、翌土曜日、「今日も一日頑張るぞ」と張り切っていたら、いきなり「あさって釈放するから、釈放準備を行なう」と言い渡されて、土曜日の午前中はその釈放準備のためにほとんどの時間を取られることになった。

　また、木曜日の昼、入所の時にメモ帳とかボールペンとかを房内に持ち込めなかったので、俺はノートとボールペンを購入することにした。それで、〈願箋〉という用紙に、ノートとボールペンを購入したいので、よろしくね、とお願いを書いて提出した。普通、この〈願箋〉を提出しても、それが支給されるまでには二週間かかるんだそうだ。そうなると、俺はすでにシャバに戻っている。

「なんとか、もう少し早めにもらえませんか？」

　と頼んだら、「まぁ、特別なんとかしてあげよう」ということになって、その翌日の金曜日にはノートとボールペンが渡された。これは、とかく「杓子定規」と言われるお役所にしては、好意溢れる素敵な措置だったと思う。ところが、このせっかくのノートが、釈放準備の開始と同時に取り上げられちゃったのだった。まぁ、「取り上げられた」というと正確ではないかもしれないけれど、つまり、刑務所側としては別に「取り上げる」という悪意ある行動ではなくて、通常一般の手順だったんだろうけど、要するに、釈放準備開始と同時に受刑者にノートを提出させて、内容をチェックする、というんだな。

　つまり、俺が四泊五日の服役中にノートと一緒に暮らしていたのは、ほぼ二十四時間、ということになる。それが前もってわかっていたら、もっと熱心にいろんなことを書き込んだのだが、なにしろ最後の最後までノートと一緒に暮らせると思っていたから、あまり細かくメモしなかった。それがいきなり、土曜日の朝に、「ノートを提出するように」と言われたので、俺は慌てちゃった。

と、いうような感じで、三日目の午前中、釈放準備が始まった。最初に行なったのは、つい先日、正確にはおととい、延々と調べて記入されて、そして領置された俺の私物をチェックするのだった。

俺としては、「いいです、別に。信頼してますから。わざわざチェックなんてしなくてもいいですよ」という気分だったんだが、やはり〈お役所〉だから、そういう適当なことは許されなかった。俺の一存は、通用しないのだった。あるいはまた、「別に、あんたが私らを信用するしないの問題ではないのだ。後になって、あんたがガタガタと抜かす可能性をなくす必要があるのだ」という理由もあるだろう。個人対個人としては、俺と刑務官は、それなりに信頼し合っている部分もあったろう、と思う。だがしかし、刑務所VS受刑者という関係では、やはりお互いに不信を徹底させる方が、風通しはよくなるんだろう。

で、再び、私物をズラリと並べていちいち点検する、という領置調べを行なった。ほぼ四十八時間ぶりに再会した俺の私物たちは、当然ながら、シャバにあった時と同じ様子をしていた。だが、たった四十八時間とはいえ、彼らと別れて独居房に入っていた俺は、私物たちの変わらぬ姿を見て、いささか感動した。

（待ってろよ）

　と俺は心の中で呟いた。

（あさってには、君たちを全部連れて、またおうちに帰るからね）

　刑務官たちの仕事は、綿密だった。

「これ、これが君の荷物だ。間違いないね」

「はぁ」

（わかってるよ、おととい見たよ）

「我々は、中身には、いっさい手を付けていない。この通り、内容物を収納して、封印して、そしてここに保管してあるから」

「はぁ」

「それで、今ここで照合して、また封印して、ここに保管しておくから」

「はぁ」

「それじゃ、いいね」

「はぁ」

罰金を払わずに、刑務所に入る。それにはいろいろとメリットがある。罰金分のお金が確実に浮く。そしてまた、入所した期間の食費も確実に浮く。見聞を広めることもできる。入所前に考えていたメリットは、その程度だったが、その時には想像もしていなかった、思いもつかない利点もあった。

●健康診断

健康診断が受けられたのだ。

これは釈放準備のひとつらしく、「おととい入ってあさって出ていく、十八キロオーバーのフザケタ受刑者だから、健康診断はしてやらない」というワケにはいかないらしかった。俺は、大学中退後、ほとんど就職というものをしたことがないから、この当時ですでに十年近く健康診断というものを経験していなかった。体の健康、ということに興味がないわけではないが（子供が三人いるし）、まぁ、面倒臭いし、それに、やっぱりお金がかかるし（詳しいことは知らないが）、健康診断は無視して生きてきたのだ。それが、十八キロオーバーの罰金を払わなかったばっかりに、いきなりタダで健康診断を受けることができるようになったわけで、これは想像もしなかったメリットである。なにしろ、レントゲン写真まで撮ってもらったんだから。

そしてまたこの健康診断は、この世の中で〈受刑者〉以外の人間はまず経験できないだろう、と思われる非常に貴重な体験だったわけなのだ。

最初に、「釈放するから健康診断をする」と担当さんに言われた時、俺の頭に浮かんだのは、身長体重胸囲程度を計る、義務教育で受けた〈身体検査〉程度の内容の〈健康診断〉だった。刑務官たちが見守る中で、それらの俺の体に関するデータを記録して、そのついでに傷跡、入れ墨、指の数、そんなものを改めて記録する、そんな程度だろう、と思っていたのだ。

だが、担当さんの後について、刑務所の通路を延々と歩くうちに、病院らしい消毒液のニオイが漂ってきたので、俺は「おや？」と思った。

「なんだか、本当に病院か、少なくとも診療室みたいなものがあるのかな？」

と思っている俺は、そのまま診療室・そのほかの医療セクションに突入していたのだった。

可憐な看護婦さんの代わりに強そうな刑務官がいるが、白衣を着た男性の姿も目について、それなりに病院的な雰囲気が漂っている。壁際には、個人病院や公立病院の処置室でお馴染みの、いかにも痛いことをしそうな鉄製の治療器具をきちんと整頓して収めた、ガラス張りの、なんというのか知らないが道具入れのようなものもちゃんとある。

日当たりのいい場所にいかにもお医者さん専用、という感じのスチール机があり、その前に肘付き椅子があって、お医者さんが座っている。そのお医者さんの脇に背もたれのない、クルクル回る椅子があって、それが患者の座る椅子だ。

病院では、おおむね、なぜか肘付き椅子でエラそうにふんぞり返る医者の前で、患者は上半身裸になりクルクル回る頼りない椅子に座って、質問に応えなければならないわけだ。だが、最近は、なにしろ医者の数が都市部では余っているし、それに病院経営にも〈顧客サービス〉という概念が浸透し始めたらしく、患者を大切にして、快適に過ごさせよう、という努力をみせる病院もある。しかし、やはり古びた個人病院とか、あるいは膨大な数をさばかなければならない公立病院などでは、顧客サービスは二の次で、ひたすら機能的（つまり無味乾燥）で装飾のない（だから、すぐに古びてみすぼらしくなってしまう）造りになっているところが多く、そして、その代表的な医療機関が、刑務所の診療室だったわけだ。

俺の感じでは、刑務所の診療室は、当然ながら〈顧客サービス〉などは頭から念頭になく（だって、おおむねの顧客は受刑者だから、つまり犯罪者だから、つまりワルモノだもの）、いや、それよりもむしろ根性を入れて、〈顧客サービス〉という概念を排除する、という決意に満ちていた。例えて言うと、「診療所を快適にする余裕があるなら、その分、鍵を増やせ！」というような雰囲気、とでも言えばいいだろうか。

で、それはそれで、問題はない、と思う。刑務所とは、第一に、当然の話だが、受刑者を収容して、矯正するための施設であって、病気を治す施設ではない。診療所は、どちらかというと付随的な施設である。だから、その点では、これはこれで充分にＯＫなのだ、と思う。だがしかし、俺がここで心配しているのは、この診療所で働いている、札幌刑務所医療スタッフの方々の、心の健康のことなのだった。

人間は、おおむね、自らの労働によって自分と家族の生活を築く。そして、その労働の場は、できれば快適であればあるほどよい。快適な環境の中で、有意義な労働を通して、人間は、人生の充実を実感できるであろう。だが、刑務所診療室のお医者さんは、可哀相なことに、受刑者に供給される無味乾燥な診療室という味気ない空間を、自分の労働の場として提供されているのだった。

●刑務所のお医者さん

あの時俺を診てくれた刑務所のお医者さんが、今どうなっているかはわからない。また、あの当時も、ひとりの人間が専属になっていたのではなく、何人かで交替していたのかもしれない。それに、俺が見たのは診療室だけであって、つまり、受刑者とお医者さんが直に交錯する空間だけであって、もしかすると、お医者さんの控え室とか居室とかは、人間らしく整頓され、装飾も施されていたかもしれない、と思う。だが、それにしても、俺が面と向かった刑務所のお医者さんは、とてもナサケナイ様子で仕事をしていた。

あの時のお医者さんは、まだ子供だった。

小柄で、瘦せていて、頼りなく首がクラクラしていて、まだ年齢は二十代半ば、という雰囲気だったのだ。

俺は、こう思う。

法務省矯正局の役人とか、あるいはまた札幌刑務所所長とかが、どこかの医者に、札幌刑務所の医者になってくれ、と依頼するのだろう。もちろん、専属になってもらうことはできない。それだけのギャラは払えないし、それに、おそらく専属の医者を用意するほどには、患者もいないだろう。だから、たとえば、大学病院の、なんとか科の部長とかに、刑務所の医者になってくれ、と頼む。大学病院の部長だから、おそらく自分の医局を持っている、教授でもあるだろう。刑務所は、大学病院の医者を雇う、というよりは、その医者＝教授をチーフとする医局に、刑務所の医療を担当してくれ、と依頼するわけだ。あるいは、役所のことだから、札幌にはふたつある大学病院に、何年かずつ交替で、公平に医療を依頼するかもしれない。また、札幌の大学病院はどちらも国公立医大病院だから、つまり役所であって、いろいろとややこしいんだろうから、それぞれの医局を持ち回りしているかもしれない。

いろんな形が考えられるが、とにかくそんなわけで、札幌刑務所の構成の中には、これもたとえばの話だが、〈所内診療所〉というのがあって、〈担当医　◇▼●大学病院第二内科教授山田一郎医師〉なんてのが書き込まれる。報酬は、あるいは謝礼は、この大学病院第二内科に支払われるわけだ。だが当然、この山田一郎教授（医学博士）は、札幌刑務所診療室には足を踏み入れないだろう、と思うのだ。

さて、ここでちょっと話を変える。この第二内科教授山田一郎医学博士は、有名な医師であり、また札幌の医師会の中でも重要な人物である、としてみよう。彼のところには、役所や大企業、そして学校などから、「顧問医になってくれ」という依頼がたくさん舞い込む、とする。事実はどうなのか、医者とはいえ国公立病院の医者は公務員であるわけだから、そのようなアルバイトをしていいのかどうなのか、法律的なことはよくわからないが、まぁ、こういうことが日常あるだろう、ということは想像できる。きっと、合法的なことだろう、と思う。少なくとも、大学のセンセイが、夏休みや冬休みに予備校や学習塾で受験対策を伝授するよりは、ずっと合法的だろう、と思う。

さて、そこで。

山田一郎医学博士は、自分の弟子、というか医局の助教授・助手・学生たちに、このアルバイトを振り分けるだろう。その時、どういう基準で、どの弟子をどのバイト先に赴かせるか。俺は、刑務所のお医者さんを間近に見て、次のようなふたつの会話を頭に思い浮かべたのだった。

①佐藤二郎の場合
「あ〜、佐藤君」

「あ、山田センセイ！」

「ウチの研究室はね、君も知っている通り、オタフク女子短大の校医を担当しているんだがね……」

「あ、はい、今は後藤さんが担当なさっている」

「ウン、そうなんだ。で、後藤君がね、ちょっとこれから忙しくなるんで、オタフクの方、できたら佐藤君にお願いできないか、と思ってね」

「え!?　本当ですか？　光栄です」

「まぁね、報酬の方はスズメの涙なんだが、ま、それほど忙しいわけではないからね。まぁ、半年に一度の健康診断には立ち会わなければならないが、あとはまぁ、適当に顔を出してればいいから。校医室も、独立のを用意してくれているから、あっちで勉強もできるしね。連絡なんてのも、きちんとやってくれるよ、頼めば」

「はぁ。ぜひよろしくお願いいたします」

「なんだ、機嫌がいいな。どうもなぁ、後藤君も君も、女子短大の校医と聞くだけでも、もう鼻の下を長くするんだなぁ。困ったもんだ」

「はぁ……」

「いいよいいよ、冗談だよ。ま、それほど浮いた話もないようだが、まぁ、健康診断の時はね、やっぱり君、豪華な眺めだよ。年頃の娘さんの裸を、一日で三百人見るわけだからね。まぁ、目の保養には、なるかな」
②近藤三郎の場合
「あ〜、近藤君」

「あ、山田センセイ!」

「ウチの研究室はね、君も知っている通り、札幌刑務所の診療所を担当しているんだがね……」

「あ、はい、今は山本さんが担当なさっている」

「ウン、そうなんだ。で、山本君がね、ちょっとこれから忙しくなるんで、刑務所の方、できたら近藤君にお願いできないか、と思ってね」

「はぁ……なるほど」

「キミは、金に困ってるんだったな」

「ええ、ちょっと仕送りだけでは……」

「うんうん、聞いている。で、ギャラもそれほどじゃぁないが、まぁ、少しでも足しになれば、と思ってね」

「はぁ、……ありがとうございます」

「ま、講義の合間を見て、適当に週三回ほど顔を出せばいいから。そんなにすることはないから、まぁ、本も読めるさ。弁当は向こうで出してくれるから、一食分、食費が浮くぞ。犯罪者相手の診察だが、別に暴れたりする者もそんなにはいないそうだ。周りには刑務官がいるから、別に体に危害を加えられる心配はないだろう」

「はぁ……わかりました。あのう、オタフク女子短大の校医の担当が変更になる、と聞いたんですが……」

「ん？　ああ、オタフクな。ああ、あれは佐藤君にお願いした」

「はぁ、そうですか。あのう、千歳空港のスチュワーデス診察室の医者も、今期で交替、と聞いたんですが……」

「ああ、あれは林君にお願いした」

「はぁ、そうですか。あのう、原子力発電所女子組合の担当医が……」

「ああ、あれは田中君にお願いした」

「なるほど。で、あのう、小樽港美人女性身体検査科の担当医……」

「ああ、あれは小林君にお願いした」

「なるほど。それで、私は、札幌刑務所ですか」

「そうだ。君は、札幌刑務所だ」

「………わかりました………」


というような、これは完全に俺の妄想だが、そんな会話があったのではないか、と想像した。それほどに、俺の目の前にいたお医者さんは、なんだか弱々しくて、そして悲しそうだったのだ。自分が置かれた境遇を、「はぁ〜あ」と溜息をつきながら我慢している、そんな雰囲気が濃厚に漂っていた。

●お医者さんの言葉

医者の言葉遣いに対する不満は、新聞の読者投書欄などに時折登場する。きちんと説明してくれない、話し方がつっけんどんだ、命令口調だ、優しさがない。

「どうしました?」

と聞かれたので、

「風邪を引きました」

と答えたら、

「風邪かどうかは私が判断する!」

と不機嫌そうに怒鳴りつけられた、などなど。

まぁ、そういうことは実際にありがちだろうし、医者ってのは、専門家中の専門家でもあるから、素人がシャラクサイことを抜かすと腹が立つことがあるかもしれない。だが、少なくとも開業医とか診察医ってのは客の相手をするのも仕事のうちなんだから、というか接客業のプロフェッショナルであるわけなんだから、プロとして素人の客に対する応対をきちんと訓練される必要はあるよな、とも思い、また一方で、この世の中には信じられないようなバカが現実にいるし、そして投書する人間の中にはそのテのバカの割合が結構多いみたいだから、医者もタイヘンなんだろうな、とも思い、まぁ結局、どっちもどっちなんだろうな、などと考える結果になる。この、「どっちもどっち」というのは、なにに関して考えた場合でも、結局この言葉にたどり着いてしまう、俺の永遠の結論だ。俺は、どうもいい加減な性格であるせいか、どんな問題であれ、自分なりにマジメにものを考えると、結局「どっちもどっち」という結論に逢着してしまうのだった。閑話休題。

で、それはそれとして、我々、民主的に成熟しつつあり、それなりに個人が尊重され、しかもその尊重をそれなりに確保し、保障することが評価される社会に住んでいる人間は、基本的に、「人間同士は、それぞれそれなりに対等である」ということを暗黙の了解としている。いくら医者が医学博士で、いくら患者が無学歴無職無能の貧乏〈フリー・ライター〉であっても、

「おう、チンケな物書きが来たな。てめぇが医者にかかるなんざ贅沢なんだよ。笑わせるな。まぁ、可哀相だから診てやろうか。どこが痛いんだ？　なに、腹？　チンケな物書きの分際で、寿司でも食ったか？」

などというようなことは言わない。これは、まぁ絶対に言わないだろうな。この医者が、この〈チンケな物書き〉の親友だったら話は別だが。

医者は、おおむね、まぁ誰に対しても、専門家の自信を見せつけつつ、

「どうしましたぁ？」

と尋ねるわけだ。で、フンフン、と話を聞いてから、

「じゃ、ちょっと上を脱いで。そうそう。はい、それじゃ、ちょっと冷たいですよ、聴診器

が。はい、それじゃ、息を、吸ってぇ、はい、じゃ、吐いてぇ」

なんてことを言う。この、「どうしましたぁ?」の小さな「ぁ」、「吸ってぇ」「吐いてぇ」の小さな「ぇ」が大切であって、

「どうしました?」

「吸って」

「吐いて」

という、普通の質問調、命令口調だと、ただでさえ不安な状態にある患者は、押し潰されてしまう感じになる、というか、そういうような配慮で、多くの医者は「どうしましたぁ?」と「ぁ」付きの、なんとなく優しい口調で話すんだろう。医者と患者の関係は、本来、対等なものであって、お互いに気遣いをするわけだ。

さてそこで、話は刑務所のお医者さんに戻る。まだ子供で、クラクラと頭が揺れる、そしてなんとなく疲れ果てているようで元気がない、「はぁ〜あ」と溜息をつく若いお医者さん。彼は、俺と〈対等〉なんだろうか。完全に対等、というには、ちょっと気が引ける。お医者さんは、なにしろカタギなのだが、俺は法律で合法的に刑務所に監禁されて働かされている〈受刑者〉だ。

だがしかし、まぁ、人権、という概念があるから、いくら俺のような受刑者であっても罵

倒したり、罵声を浴びせたりするのは適切ではない、というのが、この成熟した社会である日本の暗黙の了解事項である。

「さっさとこっちへ来い、この犯罪者！　言われた通りに服を脱ぐんだよ、ロクデナシ！」

などと言うことは、絶対に許されないんだろう。だが、だからと言って、医学博士（かその卵）が、犯罪者である受刑者に、

「さ、それでは、こちらにお座りください。診察を開始してよろしゅうございますか？　はあ、さようですか。では、どうぞ、息をお吸いになってください。はい、結構でございます。では、息をお吐きになって。おお、素晴らしゅうございますね」

などと言う必要もないだろう。なにしろ、対等なんだから。だが、対等とはいえ、やはり普通のカタギの患者とは、医者の方としても、どこか心構えが違う。それは確かにそうだろう。普通一般の社会人と、十八キロオーバーの犯罪者や連続殺人犯とは、やはり基本的には同類ではない、と言ってもいい。

このあたりの、医者と患者である受刑者との関係は微妙だな。医者としては、別に受刑者を見下す資格はない、ということは理解している。だが、普通一般社会人として遇するのも、ちょっと抵抗がある。

そこでどうなるか、というと、俺の刑務所暮らしの経験からすると、「はい、吸ってぇ」

の「ぇ」が消失するのだ。「吸って」と簡素な命令口調になる。だが、ここで医者は、はっと気付く。実際には、「吸って」は命令形ではない。五段活用他動詞「吸う」の命令形は「吸え」である。しかし、現代日本の、この成熟した民主的な文化の中に生きて、初対面の人間に、それがいくら〈受刑者〉であったとしても、いきなり「吸え」などと直接的な命令形を口にするのは、適切ではない。で、どうなるか。

刑務所のお医者さんは、常に動詞を「原形」で使うことにしていたのだった。

「じゃ、そこに座って」

と言ってから、「座って」というう言葉に含まれる、「お願い」の気持ちの存在に気付いたらしい。彼は、自分で自分の言葉にちょっとムッとしたような表情になった。もう二度と、「〜して」というようなことは口にすまい、と決心したようである。ましてや、「〜してぇ」というような「ぇ」付きの言葉は口にしないぞ、と彼は決心したらしい。

「上を脱ぐ。そう。はい、息を吸う。はい、息を吐く。もう一度。そう。後ろを向く。息を吸う。息を吐く。こっちを向く。どこか、体の具合の悪いところは？　そう。なるほど。はい、終わり」

どうやら、これで俺の内科検診は終わったらしい。お医者さんの言葉遣いは、彼の内面のさまざまな葛藤や逡巡を反映しつつ、無愛想で、機能的だった。この話し方を身につけるまでに、彼は相当いろいろと苦労したんだろうな、と俺は想像した。

●刑務所のレントゲン技師

お医者さんが「はい、終わり」と言ったので、今度は刑務官に促されるまま、俺はレントゲン室に行った。このレントゲン技師は、お医者さんよりも、すっぱりと割り切った態度で受刑者に接する人だった。

「キレイ事はたくさんだ！」

と強く決意しているらしい。

「要するに、相手は犯罪者じゃないか！」

という、これはこれでひとつの見識だろう、と思う。なんにせよ、自分の立場を自覚的に確立している姿はすがすがしい。

俺の方を見てニヤリ、と笑う。それから、「そっちだ」と短く言い、

「腕をここに載せてな。顎をここに載せて。ダメだ、もっと足を曲げるんだよ。胸を張って。違う！　こう、腕でかかえるようにするんだよ。よし。動くなよ。深く息を吸う。よし。じゃ、息、止めてろ。動くなよ」

というような言われ方をしながらレントゲン写真を撮影してもらう、というのは、これはやはり普通では体験できない、受刑者ならではの味わいだろう。現代日本人の多くは、〈レントゲン技師〉というと、「はぁい、息を止めてぇ」と無味乾燥・丁寧な言葉遣いをする人、とのみ考えているのではないか。しかし、その丁寧なレントゲン技師も、時と所を得れば、「腕でかかえるようにするんだよ」などと、生き生きとした言葉で語ることがあるのである。これもまた、刑務所に入らなければ実見できなかった貴重な体験だ。

●ペニス調べ

しかしとにかく、刑務所に入ってみると、この施設の主な顧客はヤクザもんなんだな、とつくづく実感する。やはり、犯罪常習者である彼らは、刑務所利用者の多数派だ。で、そうであるから、刑務所では、とりあえず客をヤクザもんであると考えて、今後のために、ということなのか、傷跡・手術痕のほか、入れ墨の有無、その範囲・模様、指の数、などを調べる。きっと、コンピュータにでも入れてヤクザもんデータとして登録しているのではないかな、と思う（実際のところはどうなのかはまったくわからないが。単なる、俺の想像だ）。

ヤクザもんには、〈通称××こと○○〉なんて名前の連中が多いから、もしもどこかで覚醒剤中毒とか出入りとかで死んだらしいヤクザもんの死体があったとしたら、このデータ・ベースは役に立つだろう。周りの連中の証言から、この死体はAB組のC村だ、ということがわかる。だがそいつの正体が今ひとつわからない。そんな時、傷の位置、入れ墨の特徴、指の数、そんなデータを加味してコンピュータで調べてみると、殺されたのは、C村ことD山で、何年何月から何年間何カ月、札幌刑務所に服役していて何年何月何日に出所した元EF組の幹部だった男だ、ということがわかるわけだ。そんな風に使われているんじゃないか、と思う。もちろん、そのほかにもいろんな使われ方をしてるんだろうけど。

で、それら、ヤクザもんデータの中に、前にも書いたが「陰茎内異物」の項目もあるわけだ。雅語で言うところの、〈ペニスの真珠〉のことだ。

内科検診が終わり、レントゲン撮影が終わったら、診療室につながった別な部屋に導かれた。そこには、白衣は着ているものの、正体不明の男が俺を待っていた。医者ではないらしい。臨床技師とかだろうか？　そんな感じでもない。看護士、というような役割かな、などと考えていたら、いきなり俺にこう言った。

「君は、陰茎に異物を挿入しているか？」

「は？」

「いや、つまり、ペニスにタマを入れているか、ということだ」

「いえ、入れてません」

「そうか。じゃ、ここに宣誓書があるから、これに署名して捺印しなさい」

その紙には〈宣誓書〉というようなタイトルがあって、〈私は、陰茎内に異物を挿入していないことを宣誓いたします〉とかなんとか書いてあった。

（さすが、役所だけあって面倒臭いな）

と思いながらも、俺は素直に、差し出されたボールペンで氏名を書き、そして差し出されたスタンプ台を使って署名の横に拇印を捺した。

（やれやれ）

と思っていたら、その白衣の男は宣誓書を読んでから、「よし」と呟き、そして言った。

「本当に、陰茎内に異物は挿入していないんだな」

「はぁ」

「そうか。このね、宣誓書に署名捺印した後で、異物挿入の事実が明らかになると、これは虚偽の宣誓だからね、とんでもないことになるよ」

「はぁ」

（いいよ、別に。本当に、チンチンに真珠なんて入れてないんだから）

そう心の中で呟いていたら、白衣の男はいきなり言った。

「理解したね？　いいんだね？　よし。じゃ、出して」

「はぁ？」

「だからね、宣誓の事実を確認するから、ここでパンツを下ろして、陰茎を露出して」

「はぁ？」

俺はまだ面食らっていたが、どうやら、つまり、そういうことらしい。

（さすが、お役所だ。即物的だな）

そう思いながら、特にどうということもなく、俺は言われた通りパンツを下ろして、陰茎を露出した。

（どうだ、見ろ！　なにひとつ恥じることのない、俺のすがすがしいペニスがこれだ！）

俺は、正々堂々と、チンチンを露出したのだった。

ここで残念なことは、やはりお役所で検査を受けている、という状態だったからか、それとも、色っぽい雰囲気とは無縁な状況だったせいか、通常は、まぁ通常サイズだろうと思われるペニスが、はるかに通常からはずれて小さくちぢこまっていた、という事実だ。あの時に、ボロン、とそれなりの充実感のあるものを見せることができたら、どんなに痛快だっただろう、と残念でならない。

白衣の男は、ほんの数秒、ちぢこまり、うなだれたペニスをしみじみと眺めた。ここでいきなりニョッキリと立たせたら、びっくりするだろうな、と思い、そうしてみようかな、と思ったのだが、やはり刑務所の診療室で力強く勃起するのは難しいようだった。

「じゃ、裏見せて」

白衣の男が、言う。

「は?」

「だから、裏側に異物を入れていないかどうかちょっと持ち上げて、見せて」

「はぁ……」

自分でやれよ、と言いたかったが、まぁ、このオジサンも、他人のペニスに触るのはいやだろうし、俺も触られるのはいやだ。牧瀬里穂ならいざしらず、こんなオジサンに、ペニスをあたかも物のように扱われて、ヒョイと持ち上げられて裏側を調べられるなんてのはまっぴらだ。

てなわけで、俺はお言葉に従って、ペニスを持ち上げて、上に向けた。オジサンは、ペニスの裏側をほんの数秒しげしげと眺めてから、「よし、いいよ」と言った。

この世の中に、楽な仕事というのはないなぁ、というのが俺の感想だった。あのオジサンは、今でも札幌刑務所で、釈放者が出るたびに、チンチンを眺めているのだろうか。前から横から、そして裏側まで。

で、今でもおそらく、札幌刑務所か、あるいは法務省矯正局の資料室だかなんだかのどこかには、〈陰茎に異物を挿入しておりません〉というような宣誓文に添えられた俺の署名と拇印が存されているだろう。その後、この宣誓文がどのような将来を送るかは知らないが、もしも何年か後に破棄するようなことになってるんなら、これは素敵な記念になるから、譲ってもらいたいもんだな、と思う。連絡してくれたら、実費・手数料くらいは負担してもいいから、ぜひあの〈宣誓書〉を手許に置いて保管したい、と思うわけです。

●二度目の入浴——あるいは規律への憧れ

釈放準備が終わったら、風呂に入るように言われた。どうも刑務所では、入浴したり食事をしたり運動をしたり、入ったらすぐに釈放準備に取りかかったり、落ち着いて自分の仕事（つまり、メガネ屋さんの袋畳み）に集中する時間があまりなかった。〈労役所留置〉というのが罰金の代わりに俺に科せられた刑罰だが、この刑罰のポイントは、〈労役〉にあるのではなくて、〈留置〉にあるらしい、ということがよくわかる。やはり、労働は刑罰にはならないのだ、今の日本では。メガネ屋さんの袋を畳むのは、むしろ楽しい気晴らしだった。まぁとにかく、刑務所に入る、ということそれ自体が、大きな意味を持っている、ということなんだろう。

で、そんなこととは無関係に、刑務所は食事を出してくれて、運動もさせてくれて、その上に風呂までこまめに入れてくれる。ありがたい、ありがたい、と俺は感謝しながら二度目の入浴を楽しんだ。

俺はどうも最後まで、いろんな刑務所のしきたりを覚えられなかった。自分の呼称番号もはっきりと覚えなかったし、お茶の時にもついうっかりとボウルじゃなくてコップやヤカンを出してしまうこともあった。朝点検の時にも、正座、挨拶、番号による自己紹介などの手順が決まっていて、それをきちんとこなさなければならないのだが、うまく覚えられないうちに釈放になってしまった。一般に、刑務所の中の動きは、チャイムで知らされる。朝の「チャラララ〜ラ〜ラ〜」が鳴って二回目のチャイムだから布団を上げるんだな、とかこのチャイムは休憩開始のチャイムだな、と即座に適切に判断して次の動作に移るわけだが、それがピンとこないので、もたもたしてしまう。

そしてそのたびに、なんとなく申し訳ない気持ちになってしまうので、実は俺は、しきたりや規則に従うのがそれなりに好きであるらしい、ということに気付いた。そう気付いてみると、思い当たるフシはある。たとえば、外国に行ったとする。よその国に行っても、ガンコに日本の風習を実践する人間もいるが、俺はどうも、外国ではすぐさまその国の流儀に従って、屋台でなにかを食べたり金を払ったり酒を呑んだりするのが好きな、軽薄なタイプなのであった。ホテルでチップを払うのも好きだ。「ああ、日本ではないところにいる」という喜びがある。外国のホテルでの朝、目が覚めて身支度を終えると、外出前に枕の下に小銭を置く。それも楽しい。「ああ、日本じゃないところにいる」。日本で買い物をする時には絶対に値切らないいんだが、「この国では値切るのが礼儀なんだよ」と言われれば、「はぁ、そうですか」と素直に考えて、値切ってみると本当に値段が半額になったりして、しかも相手のオバサンは嬉しそうにしているから、「ああ、日本じゃないところにいる」と嬉しい。「この国ではそうなんだ」と言われたら、ゴキブリが駆けずり回る食堂で、生きたタコの足が皿からニュルニュルと逃げ出そうとするのを箸で逃がさず押さえつけて、エイヤ！　と食べて、嚙みきれなかった吸盤を床に吐き捨てるのも好きだ。「ああ、日本じゃないところにいる」。

そんなワケで、「自分の場所」じゃないところに行ったら、その場所の流儀に従うのが、俺は好きなんだな。そしてまた、流儀とかしきたりとかには、素直に従おう、とするわけだ。それがうまくできないと、残念な気分を味わう。それで、俺は刑務所のしきたりがなかなか覚えられずに、とても残念だった。

だが、そんなしきたりの中で、俺が完璧にマスターできたのが、入浴の儀式だったのだ。これは嬉しい。だから、俺は刑務所で風呂に入るのが好きだった。入浴にまつわる儀式とは、つまり風呂から房に戻る時に、石鹼箱のフタを開けて中を見せる、そしてタオルを振ってなにも隠していないことを見せる、あの儀式のことである。これが、唯一俺が完璧にマスターした刑務所のしきたりだった。

だから、俺は、風呂から房に戻った時、喜び勇んで石鹼のフタを開けた。

(ご覧ください!)

という意気込みも健やかに、俺はフタを取って取り囲む刑務官を見回した。

なぜか、刑務官は疲れたような表情だ。

(付き合いきれない)

(もうゴメンだ)

そんな倦怠感が漂っているので、俺としては、刑務官諸先輩の仕事に対する熱意を疑わざるを得なかった。

(ボク、こんなに熱心にしきたりに従ってるのに!)

俺は半分がっかりしたが、

(まだまだ!)

と新たな熱意を燃やしつつ、頑張ってタオルを振った。

フワフワ!

ところが、すでに刑務官諸先輩はウンザリ、という表情になって、俺が誠意を込めて振っているタオルをろくに見もしないで、

「ああ、わかった、わかった」

などと言いながら、おざなりに頷いて、そして房のドアをガチャガチャと開けたのだった。

俺が、とても残念だったのは言うまでもない。

●免業の一日

ほぼ常識に属する事柄かもしれないが、詳しくは知らない人もいるかもしれないので、ちょっと書いておこう、と思う。刑罰として刑務所に入る場合には、大きく分けて〈懲役〉と〈禁固〉のふたつがある。このほかに、未決囚とか死刑を待つ死刑囚とかも刑務所にいるらしいが、少数派であるらしいので、とりあえず無視する。

で、さて、この〈懲役〉と〈禁固〉の違いをご存知だろうか？　懲役、は読めばまぁ意味がわかる。牢屋にぶち込んで働かせる、つまり懲らしめに使役するわけだな。で、俺は懲役五日、というか懲役四泊五日の刑に処せられたわけだな。一方、禁固とは、正確には〈禁錮〉と書くらしいんだが、これはただ閉じこめておく。禁固三年、というと三年間閉じ込め

られて労働はなし、働く必要はない、ということだ。

それでは、懲役と禁固とは、なぜ違うのか、という疑問が湧く。簡単に言うと、懲役になる犯罪とは、ドロボウ、ヒトゴロシ、サギ、ゴウカン、ボウリョク、そのほか、まぁ一般に「悪いこと」をすると懲役になる。一方、たとえば反乱罪とか過失致死傷などは、禁固になる犯罪だ。つまり、「私は、信念に従って、困っている人を助けようとして反乱を起こしたのだ」とか、「つい、うっかり、ちょっと間違って……」という場合に、禁固になる、という風におおざっぱに考えよう。

さてそうすると、同じ「ムショ暮らし三年」を考えてみるとして、〈懲役三年〉と〈禁固三年〉とでは、どちらが重い罪なんだろうか。罪の内容を見ると、どちらかというと〈懲役〉になる犯罪よりも、〈禁固〉になる犯罪の方が、信念がある、あるいは過失で、ということで、ちょっと高級、ということなのかもしれない。ヤクザやヒトゴロシやドロボウやゴウカン男と一緒にするわけにはいかないだろう、という雰囲気があるらしい、という想像はつく。

だがそれでは、〈懲役〉と〈禁固〉のどちらが楽か、ということになると、これはいささか判断が難しいようだ。現に、禁固刑に処せられた受刑者でも、希望して申し出れば、労働をすることができる、と決められているらしい。やはり、ただただ閉じ込められているのは、辛いことのようだ。

もちろん、本を読めればまだなんとかなるかもしれない。三食付きで、働く必要がなく、ただひたすら本が読める、という生活には少しは憧れるが、まぁ、それも一カ月もたてば、あとは飽きるだろう、と思う。

で、いきなり話は札幌刑務所に戻るが、身体検査の翌日、シャバが日曜日の〈免業日〉の一日は、辛かった。特に午前中は退屈で退屈で、どうなることか、と思ったほどだ。免業日は作業がなくて、俺は独居房に閉じ込められたままますることがなく、「そうか、禁固刑というのはこういう状態なのか」と実感し、「禁固刑は一日ももたない」と痛感したのだった。

基本的に、免業日は作業時間がないだけで、ほぼ丸一日〈余暇時間〉である点を除けば、一日のスケジュールは平常と変わりはない。チャラララ〜ラ〜ラ〜で起床して布団を畳んで身支度、朝食、朝点検。で、あとは昼食までなにもなし。余暇時間だから、ラジオはずっと流れている。自由に過ごしていい。しかし、「自由に」って言ってもなぁ。なにしろ、〈一坪庵〉に閉じ込められているのだ。本を読めばいいんだが、きのう追加して貸してもらった『見知らぬ旗』と『新釈遠野物語』は読み終わってしまったし、例の模範囚オジサンに「また貸してください」と頼めば借りられたかもしれないが、なにか厚意に甘え過ぎるような気がしたし、小冊子類は読み飽きた。ノートとボールペンがあれば、いろいろとメモしたり、小冊子をもっと書き写したりできるんだが、ノートもボールペンも釈放準備の時に提出したので、そういう道具もない。

そしてまた恐ろしいことに、いくら免業日であっても、作業がないだけで、そのほかは平常と同様であるわけだから、つまり房の中で取れる姿勢は平常通りなのだった。ということは、

①机の前に正座、あるいはアグラをかいて座る。

②積んである布団にもたれて、ウチワをパタパタする。

のふたつの姿勢しか取れない、ということだ。もちろん、流しで箸やコップを洗ったり、トイレで用を足したりはできる。だが、箸やコップも、どんなに頑張っても十分以上時間をかけて洗うことは難しいし、トイレだってションベンで五分以上時間を潰すのも難しい。

机の前に座って、肘をついて（本当は、肘をつくのもダメらしいんだけど）、ぼんやりする。ぼんやり、というのは、せいぜい二分しか続かない。で、布団にもたれてウチワをパタパタやってみる。これも、二分もすれば飽きてくる。立ち上がって、さっき洗ったばかりのコップをもう一度洗ってみる。それから水洗トイレに向かって立って、これで何度目かのションベンをしたが、チョロリと出て終わりだ。人間、そうそう何度もションベンができるものではない。映画『復讐するは我にあり』で、主人公である緒方拳さんは、立ち小便で血の

付いた手を洗うシーンを撮影する際に、何度か取り直しがあり、その度にセットの片隅で静かに目をつぶり、体内で小便が製造されるのを待っていたと伝え聞く。それほどに、小便は、出てもらいたい時にはたっぷりとは出ない。再生産するまでには時間がかかる。

再び机の前に座り、暇潰し。一分後、立ち上がって「まぁ、ヒマだからよ、ちょっと外で一服してくらぁ」と胸ポケットを探りながら、ドアに近付き、タバコがないこと、ドアにノブも取っ手もないことにギョッと気付いてドラえもん・ショック。

俺は、雑居房の方々のことを考えた。つくづく羨ましい、と思った。多彩な個性と人生を背負った、雑居房の方々。彼らはきっと、今この瞬間、多彩な社交生活と人間関係を持ち、免業日の一日を楽しく過ごしていることだろう。話し合い・歓談・談笑などという言葉が、キラキラと輝いているようだ。いや、そんな和やかなものではなくてもいい。口論だって、楽しそうだ。罵声を浴びせ浴びせられるのも、〈一坪庵〉でひとりで机に肘をついているよりはずっといい。喧嘩、素晴らしい。殴り合い、おおいに結構。鼻血、骨折、憧れるね。

などと、心と体の底からヒマを持て余していたが、時間というのは素晴らしいもので、どんなにノロノロではあっても、着実に進むらしい。止まったり、後戻りしたりすることは、とりあえずはないようだ。

というワケで、昼食の時間になった。

ところで、最初に俺が〈免業日〉という言葉を聞いた時に即座に考えたのが「メシは出るのか？」ということだった。作業日に、国家がそれなりに普通並みの食事を食わせてくれることはわかった。だがしかし、休日にまで、つまりなにも仕事をしていない日まで、食事を出してくれるのかどうか、これがやや気になったワケだ。もちろん、一日なにも食わないと腹が減るばかりではなくて、気が荒くなるから、食事はしてもいいわけだが、その分の食費は、各自の給料から引く、あるいは希望の弁当を外から自前で取り寄せる、とかいうようなキマリになっていることも考えられるじゃないか。

だが、食事は、休みの日であってもきちんと出るのだった。それがわかった時、次に俺が考えたのは「じゃ、食事のランクやレベルが落ちるんじゃないか？」ということだった。どうも、こう書いてみると、俺って貧乏性というか、根がミミッチクできているような感じだな。だが、免業日のタダメシは、オカズを一品減らすとか、メシの盛りを一ランク下げるとか、あるいは免業日は御飯、味噌汁とフリカケのみ、とかいうようなキマリがあっても、それはそれなりに納得できるような気がする。たとえそんな悲惨な食事でも、俺なら、「休日でもタダメシを食わせてくれるなんて、アリガタイ。俺みたいな、こんな十八キロオーバーなんてとんでもないことをしたワルモンに対して」と充分感謝するだろう、と思う。

どこか卑屈だろうか？

卑屈なような気もする。

ま、それはそれとして、そんな風に覚悟もしていたんだが、免業日でもちゃんと普通の食事が出た。

前にも書いた通り、ノートもボールペンもなくて詳しい献立は記録できず、それでも頭が良ければ記憶できるんだが、頭も悪く、結局正確なデータはないが、〈作業がないのに、食事のランクが下がる（たとえばカロリーが低くなるとか）というようなこともなかった〉とメモしてあるから、多分そうだったんだろう。それにしても、このメモは、やっぱりなんだかミミッチイな。


で、昼食を食べながら思ったのは、〈食事〉ってのは、本当に気晴らしになる、というか暇潰しになるもんだな、ということだ。このまま延々と夕食まで食べていれば相当な時間を潰すことができるな、と思ったんだが、やはり刑務所はそこまで優しくない。それに、そんなに時間をかけて食べるほどの量ではないし、米粒を麦粒を一粒一粒食べれば時間はかけられるだろうが、そのうちにやはり面倒になって腹が立つだろう。

昼食が終わってから、夕食までの時間のことを考えると、再び俺は退屈で退屈で死にそうになった。で、なんとか暇潰しの方法を案出しよう、と考えていたら、チャイムが鳴った。

そしてあたりに、つまり三舎下昼夜独居房がズラリと並んでいるこの周囲のみんなが、なにか動き出した気配が伝わってきた。

いったいなんだろう、と思って「生活心得」を見てみると、免業日の昼食後、午後一時頃から午後三時頃までは〈午睡〉の時間になっていた。「ごすい」と読む。要するに、昼寝の時間だ。この時間は、布団を敷いて、その上に〈パンツ・丸首〉姿になって、ゴロンと寝ころんで毛布をかけてもいい。ゴロゴロしてもいい、というワケだ。

だが、ここで注目して頂きたいのは、やはりこの厳密さだ。〈丸首〉というのは、シャツの下に着る、下着のシャツで、パンツ・丸首というのはとてもくだけた格好だ。こういう格好でゴロゴロしてもいい、というのはなかなかオツなもんだが、しかし、そのためには布団を敷いて、毛布をかけなくてはならない。つまり、〈パンツ・丸首〉姿で、畳にころがるのはイケナイのだ。また一方で、服を脱ぐのは面倒だから、ということで布団を敷いて、その上に囚人服を着たまま寝ころんでもいけない。布団の上に寝ころぶには、あくまで囚人下着姿にならなければダメであるわけだ。

また、当然ながら、布団を敷かずに、囚人服のままで畳に寝ころんではいけない。同様に、布団を敷いた上に囚人下着姿で寝ころんだ後、「本格的に眠る態勢」になって掛け布団をかけてもいけないわけだ。〈午睡〉の時間はあくまで昼寝であって、毛布をかけてちょっとウトウトまでは認めるが、布団をかけてぐっすり眠ってはいけない、ということであるらしい。というような、厳密なゴロゴロではあるけれども、とにかく黙って机の前に座っているよりは楽だから、俺は喜んでイソイソと布団を敷き、パンツ・丸首姿になって、ウチワを片手に布団に寝ころんだ。

はぁ〜あ、やれやれ。

横になる、というのは、本当に楽だ。

現在、日本は、ほぼ一日二十四時間態勢、一年三百六十五日態勢で、休みなく稼働している。大晦日の午後十一時にも、元旦の午前四時にも、コンビニエンス・ストアは営業しているし、日曜日に一日中働いている人などは珍しくもない。その現代日本にあって、つまりシャバでは中堅の働き手が過労死することすら時折ある世界の中で、十八キロオーバーの犯罪者である俺は、日曜の午後一時から二時間、「はぁ〜あ、やれやれ」とのどかに横になって寝ころんでいるわけだ。国家にメシを食わせてもらって。

それがどうした。文句があるか。

●ウトウトのひと時

午睡態勢になったら、いきなり眠気が襲ってきた。とにかく、眠い。ウチワでパタパタする手が、すぐに止まってウチワがポトリ、と落ちる。天気はいいらしい。窓から外はほとんど見えないが、青く晴れ上がった空の気配が漂ってくる。おもしろくもなんともないラジオ放送が流れ、その向こうから、遠くの、つまりシャバの道路を行き来するクルマの騒音が微かに聞こえる。そうだ、昨日・一昨日、つまり金曜・土曜の夜は、暴走族の騒音が夜中までうるさかったな。受刑者の中には、あの音を懐かしがっていた連中もいるんだろうか。俺も早く出所して、みんなと一緒にまた駆けずり回って、沿線住民に迷惑をかけたり老人子供をハネ跳ばしたり、大学生のカップルを殴り殺したり刺し殺したり、そんな世界に早く戻りたい、と熱望していた連中もいるだろうか。あるいは、あの暴走族の騒音を聞きながら、「俺はバカだった」と悔やんでいただろうか。……

ポトリとウチワが落ちた。俺はそれを手に取り直して、またぼんやりと考えた。

この四日間は、本当にのどかだった。体の疲れが回復して、体がどんどん元気を取り戻してくるのが実感できた。規則的に食事をして、運動や入浴も規則的、そしてぐっすり眠る毎日。体の健康もさることながら、心が、とても伸びやかになったのを感じた。うまく進まないスケジュール調整の必要もなく、無能で態度がデカイだけのディレクターAにお世辞を言う必要もなく、無能で態度がデカイだけのディレクターBを殴る必要もなかった。箸にも棒にもかからないモデルCにお世辞を言う必要もなく、箸にも棒にもかからないモデルDを泣かす必要もなかった。バカなことを抜かすオヤジEに感心してみせる必要もなく、オヤジなことしか言わないバカFに感心してみせる必要もなかった。支払われないギャラを回収するためにディレクターGを探して夜のススキノを駆けずり回る必要もなかったし、万一ギャラが回収できなかった場合を考えて、予備の仕事を仕込むためにディレクターHを探し回って夜のススキノを駆けずり回る必要もなかった。字が読めないのに口を出したがる社長Iに握手を求められる必要もなかったし、口を出すくせに金を出さない社長Jにファックスで脅す必要もなかったし、胃が痛くなることもなかったし、二日酔いにもならなかった。社長Kの娘自慢に熱心に頷く必要もなかったし、父親である会長Lの自慢をする娘社長Mに相鎚を打つ必要もなかった。

本当に、のどかで平穏な日々だった。

ポトリ、とウチワが落ちた。俺はそれを手に取り直して、また別なことをうとうとと考えてみた。

パタパタ動くウチワで思い出すのは、J子のことだ。俺より十歳ほど年上で、俺は二十歳の頃から、別れたり、また出会ったりして合計四年ほど、彼女と付き合った。初めての女性ではなかったが、初めて「好きだ」ということを意識した女性で、彼女に出逢うまでは、俺は〈恋愛〉ということのいろんな意味を知らずに生きてきた、と思う、そういう女性だ。

J子はススキノの夜に生きていたので、彼女に逢えるのは、店が終わってから、それと、店が始まる前で、多くはJ子の部屋で逢った。ある真夏の昼下がりを思い出す。俺は、彼女の体にからみついて、運動の後の気怠い疲労感を味わっていた。J子は、半分、というかほとんど眠っていたのだが、左手でウチワを持って、パタ〜リパタ〜リと俺に風を送ってくれていた。

この振る舞いは、やはり男に狎《な》れていた女の仕種だろう、と思う。そう思えば、妙に物悲しくもあるのだが、なにしろ俺は二十歳過ぎのまだ若造だったから、好きな女の部屋で、彼女の裸の体を抱いて、ついさっきまでの運動の余韻を嚙みしめつつ、半分眠りに入っている彼女に、ゆっくりとウチワで風を送ってもらっているのが嬉しかった。

ウチワは、すぐに動くのを止める。手が、ポトリ、と布団に落ちそうになるのだが、その時にJ子はあやうく目を覚まして、俺に笑いかけ、そしてまたパタ〜リパタ〜リとあおぐことを続けた。

あの時の、夏の昼下がりの部屋の明るさを思い出す。ススキノの外れの、街の騒音が窓から聞こえた。日差しが、鉢植えの緑を照らしていた。そして、J子の白い肌で光っていた汗。俺が、学校に行かなくなった頃、J子は俺に、本気になって説教したっけなぁ……ポトリ、とウチワが落ちた。俺はそれを手に取り直して、パタパタと自分をあおいだ。

今、J子はどこでどうしているだろう。きっと、ちゃんとした男をつかまえて、幸せに結婚しているだろう。結婚相手には事欠かなかったはずだ。俺よりも二十歳くらい年上の、生活力のある男をうまく操って、そして大事にされているだろう。

どこかでばったり出会ったら、俺は「なんとかやってるよ。子供が三人いて、みんな男なんだ。大変だけど、とりあえず腹はすかしてないよ。牛乳も飲ませてるし、大晦日には毎年ゴジラ映画に連れて行ってるんだ」と言うだろう。J子は、「偉い、偉い」と言ってくれるかもしれない。

明日、朝起きたら、俺は出所して、シャバに戻る。すると、俺は再び、うまく進まないスケジュール調整に必死になり、無能で態度がデカイだけのディレクターAにお世辞を言い、無能で態度がデカイだけのディレクターBを殴り、箸にも棒にもかからないモデルCにお世辞を言い、箸にも棒にもかからないモデルDを泣かせ、バカなことを抜かすオヤジEに感心してみせ、オヤジなことしか言わないバカFに感心してみせ、支払われないギャラを回収するためにディレクターGを探して夜のススキノを駆けずり回り、万一ギャラが回収できなかった場合を考えて、予備の仕事を仕込むためにディレクターHを探し回って夜のススキノを駆けずり回り、字が読めないのに口を出したがる社長Iと固く握手し、口を出すくせに金を出さない社長Jをファックスで脅し、胃が痛くなり、二日酔いでよろめき、社長Kの娘自慢に熱心に頷いて、父親である会長Lの自慢をする娘社長Mに相鎚を打つ生活に戻る。これが俺の生き方で、俺はこうやって、子供の食い物やノートや鉛筆を買うわけだ。このことを、J子はわかってくれると思う。そして、「頑張ってね」と言ってくれるかもしれない。

俺は、やる気がモリモリと湧いてくるのを感じた。もう充分に休養した。心も体も、ここ何年ぶりかのエネルギーに満ちている。

そうだ、出所したら、すぐに取りかからなければならない仕事があるのだ。締め切りが迫っている原稿が三本あり、そのうち二本分は取材が済んでいるが、一本分に関しては、服役前に取材の手筈が整わず、出所と同時に連絡を取ってインタビューに行かなければならない。それから、半日で原稿を上げる必要がある。明日の取材の結果で、特集の切り口をひねるか、それとも素直に突っ込むかの判断を決めて、それに沿って三本を一気に書き上げるわけだ。

ウチワがポトリ、と落ちた。落ちたのは気付いたが、手に取り直すのが面倒だったので、そのままウトウトを続けた。なにかこう、復活の日が迫っている、そんな気分が、頭の芯でワァワァと喚声を上げているような、そんな眠りの中に溶け込んでいった。

●紙の問題

みなさんは、排便の後、どれくらい肛門を拭きますか？

俺は、シャワー・トイレにする前は、とにかくもうめったやたらと尻を拭く男だった。なぜか、肛門がなかなかキレイにならないのだ。いくら拭いても、なにかこう気になって、結局一度の排便でトイレット・ペーパーを半巻きほど費消することも稀ではなかった。

こうなるとどうなるかというと、まず第一に肛門がヒリヒリする。そして、時折、トイレを詰まらせてしまう。それらの問題点が、シャワー・トイレ導入によって、雲散霧消した。だから、シャワー・トイレは俺にとって必要不可欠なものだったのだ。

だが、当然ながら、〈二坪庵〉にはシャワー・トイレはなかった。日本の国民の全員が一戸建てプール付きの持ち家に住み、全員がＢＭＷやベンツ、あるいはセルシオかランド・クルーザーを所持し、日本の全国民がハイビジョン・テレビを所持するようになれば、もしかすると、日本国内の全刑務所の全トイレがシャワー・トイレになる日も来るかもしれない。

しかし、とりあえず現在は、〈二坪庵〉のトイレは普通の水洗トイレなのであった。

となると、俺は尻を拭くにあたって、大量の紙を費消しなければならない。

(紙は自由に使えるのだろうか)

これが、俺のひとつの不安だった。

だが、ここで、予想もしなかった幸運が俺を訪れた。

便秘である。

通常、俺は一日に最低三度は排便をする。

これは、〈最低〉であって、その日によっては、何度も何度もシャワー・トイレに座ることになる。しかも、多くの場合、というかほとんど、出てくるのは下痢便である。

これは、俺が毎晩酒を呑む、ということと密接に関連しているだろう、と思う。諸先輩文章家の文章を読むと、毎晩大量に飲酒する人は、おおむね毎日数度下痢便をするらしい。外出前には必ず排便をして、後顧の憂いなからしめんとするのだ。なにしろ、酒呑みは、ちょっとした油断で、電車やバス、あるいは美女と喫茶店で歓談中であっても、突発的に激しい便意(というか下痢便意)に襲われて、身悶えしつつ脂汗を流すことになることに決まっているから。

だが、〈一坪庵〉で暮らしている間は、完全な禁酒状態だったからだろうか、体がいきなり過敏に反応したのか、突然俺は便秘になってしまった。

これも、思い出してみれば昔からそうだった。俺は繊細な児童だったので、旅行すると、旅先では見知らぬトイレに入れずに、便秘状態になるのだった。

だが、その繊細さが、大人になるにつれて飲酒の影響に緩和されて、俺はどこに旅行しても、そこで酒さえ呑めば、翌朝は爽快に下痢をすることができるのだった。

だが、〈一坪庵〉では禁酒であって、なおかつ、布団や枕が自分の物ではない。いわゆる「枕が変わる」という状態で、しかもその布団や枕が豪華な方向に「変わった」のではなくて、侘びしく切なく寂しい方に「変わった」ので、旅情が激しく刺激され、かつ、日頃はアルコールの陰に隠れていた繊細さが表舞台に登場し、その結果俺は便秘になり、そのおかげで、頻繁な排便から解放され、紙の使用枚数の心配もせずに済んだのだった。

ところが、免業日に、〈栓〉が抜けてしまったのだった。

この、「栓が抜ける」というのは、わりとよく言われる表現で、ビールを呑む時などには実感する現象だ。つまり、ビールを呑むと、頻繁にトイレに行きたくなるわけだが、ちょっと我慢してトイレのことを無視したり、忘れたりしていると、結構我慢できるもんだ。だが、一度トイレに行って排尿すると、それでもう我慢がきかなくなって、以後、何度も何度もトイレに通うことになる。どうしてだろう、と思うのだが、これはやはり、〈栓が抜けた〉ということなのだろう。

と、同様の現象が、俺の体内で展開されたらしい。木曜に服役を開始して、金曜・土曜と便秘状態で平穏に暮らしていたのだが、免業日の午後、俺はいきなり激しい便意を感じて、水洗トイレに座ったのだった。

「夜遅くには使わない方がいい、気の荒い連中もいるから」

と忠告されてはいたが、まだ日は高いし、大丈夫だろう、と思った。

で、その点は大丈夫だったんだが、困ったのは〈紙問題〉だった。私物袋の中に入っていたチリ紙は、五十枚しかなかったのだ。

この分量が、俺は不満である。刑務所の中にいた間、俺はほとんど不満を感じなかった。もちろん、外に出られないとか、酒が呑めないとか、いろいろと不満のタネはあったわけだが、そんなものを不満に思うのであれば、そもそも服役しなければいいわけだから、それは問題ではない。だがしかし、この紙の枚数は、これは〈正義〉とは言えないような気がした。

これは単なる俺の、個人的・主観的なグチではない。俺は、歯磨き粉の分量との対比で、今、発言している。完全に客観的・数量的な問題なのだ。

私物袋に入れられて、俺に〈私物〉として配給されたのは、前にも書いたが、チリ紙と歯磨き粉だった。チリ紙は、灰色の、ゴワゴワとした紙で、粗悪でゴワゴワしている分、肛門の汚れは頼もしく落ちるだろう、と思われる材質だった。だが、それが五十枚。たった五十枚で、どうやって尻を拭け、というのか。

一方、歯磨き粉は、これはたっぷりとあった。一日十回、たっぷりと粉をつけて歯を磨いてもまだ余る、というほどの量で、これが逆だったらどんなに素晴らしいか、と俺はしみじみ刑務所を怨んだもんだ。

こういうことはタマに体験する。ラブホテル備え付けの歯磨き、あれは旅行用の〈一回分入り使い捨て〉である場合も多いけど、一回で使い捨てるにしては、量が多過ぎはしないだろうか。まぁ、あれで倹約してもどれほどの違いでもない、ということはわかるが、しかし、ちょっともったいないと思う。使い捨て歯磨きの量を半分にして、そのかわり、コンドームをあと二ケほど多く配備することはできないだろうか。ラブホテル備え付けのコンドームを使用する、その是非についてはいろいろな学説があり、また、男は常にコンドームを持ち歩くべし、という流派もあるが、しかしまた、「そんなことは頭にない」という状態であるほどよくモテる、という現実もあり、なかなか簡単には解答が出せないが、ここでひとつ、やっぱり少し抵抗があるのは、ラブホテルで〈コンドームのおかわり〉というか〈コンドームの追加配備〉を要請することで、別料金でもサービスでもどちらでも構わないが、とにかくフロントに電話して「あの〜……ゴムをですね、追加したいんですが」とお話するのは、やはりいささか躊躇する。特に、二十五歳を過ぎるとね。しかしまた、こっちの体調も万全、相手もノリに乗っている、という現実もあるわけで、その間に挟まって苦悩するのは、いささか時間の無駄、という感じもするわけで、だから、歯磨きの量をもっと少なくして、その分、コンドームの数量を増やしてもらえませんか、とご相談しているわけだ。

で、まぁそれはそれとして、とにかく紙が足りなかった。

ここでひとつの考えは、「このパンツは俺のではない」という事実を鮮烈に思い出せばよい、という便法だ。だがしかし、これはいささか卑怯ではないだろうか。「これは俺のパンツではなくて、日本国法務省矯正局札幌刑務所のパンツだから、汚したっていいや」というのは俺の好む考え方ではない。下着は、確か二日か三日ごとに替えることになっていて、きっと刑務所のどこかで模範囚の方々か、あるいはシャバの方々が洗濯乾燥してくださるんだろう。そして、誰かまた別な受刑者が身に着ける。そういう、共有のパンツを、いい加減に汚すのは気が引ける。

ここで、俺は排便後五十枚の灰色チリ紙で拭いてヒリヒリする、だが中途半端な雰囲気の肛門を意識しながら、トイレに座って思案にくれた。

ひとつの疑問は、「俺の尻の拭き方は正常なんだろうか」ということだった。

我々は、他人の排便の様子を直に見る機会がほとんどない。稀に、ビデオなどで見ることもあるが、そんな時は気持ちがあまりよくないし、それにそういう場合の排便は縛られていたり、逆さ吊りになっていたり、そのほかいろんな演出が感じられて、「これが真実だ」という自信を持って見物することができないようなシロモノが多い。また、日常普通に排便して後始末しているような場面は、なかなか見られない。

すると、ここで大きな疑問を感じずにはいられないのだが、俺の排便と尻の始末は、正常なのだろうか。正常な人は、一日十枚のチリ紙で、きちんと尻が拭けるのだろうか。俺には、とても不可能だとしか思われないのだが、普通はそれができるのか？

酒を呑んでいて、相手に恵まれて、排尿排便話を風流に展開することができる場合がある。そんな相手のひとりが、とても珍しい排便流儀の男だった。彼は、いついかなる時でも、全裸にならなければ排便できないのであった。自分の家ではもちろん、外に出た時、あるいは勤務先（某役所だが）でも、彼は排便する時には、全裸になる。自分の家では、全裸になってからトイレに入るのだが、外ではやはりそれはできないので、個室にこもってから、おもむろに着ている物を全部脱ぐ。そして、解放感の中で、伸び伸びとクソをするわけだ。

「とにかく、俺は、素っ裸にならないと、クソはできないね」

「へぇ〜」

と俺は驚いた。

「いつごろからだ？」

「なに、物心ついた時から、ずっとだ。自分の家ではずっとそうだったし」

「ご両親は？」

「ああ、両親は別に普通だ。一度聞いたんだが、普通に、服を着てるらしい。俺は、幼稚園の時は、教室で素っ裸になってトイレに行ってたんだ。でも、小学校に入ってからは、やっぱりそれはマズイらしい、ということがわかったんだろうな、なるべく家でクソしてから行くようになったし、万が一学校でクソする時も、個室の中で裸になるようになった。だからもう、ベテランだよ。個室の中で全裸になることにかけては」

「へぇ〜。一度もないの、服着てクソしたことは」

「ないな、多分。まぁ、酔っ払ってて、よっぽど切羽詰まった時とかに、もしかすると服着たままやってるかもしれないけど、記憶してる限りでは、服着てクソしたことは、ない」

「なんで脱がなきゃならないんだろ？」

「それはお前、自分じゃわからないよ。逆に俺としては、なぜ普通の人間は、服着たままクソできるのか、不思議だね」

「じゃぁさ、服着てクソすることを考えてみてよ。どんな感じがする？」

「う〜ん……、ありえないこと、やってはいけないこと、という感じかな。つまりたとえば、箸から箸に食い物を渡す、とかさ。上司のハゲにマジック・インキで落書きする、とかさ。

葬式に行って、みんなの真ん中でチンチン出して踊る、とかさ。そんな感じ」

「不潔感、とかはないのか?」

「トイレで裸になることがか?」

「いや、つまり両方にさ。トイレの空気の中で裸になるのは気持ち悪いけど、こうしなければならないから辛い、とか、逆に、服着てクソする連中は不潔だ、とか」

「いや、それはないな。別に、不潔とか清潔とかの問題じゃないと思うよ。ただの、クセだよ」

「なるほど」

「不潔とか、清潔とかいうのは、非常に文化的な問題、というか、要するに、文化の中のオヤクソクだからな」

「そうなんだよな」

「でも、俺は、自分のクソのしかたが正しい、とは思ってないよ。ちょっと変わってる、ということはわかってる。でも、いいじゃないか。誰に迷惑かけるわけでもないし、それでいて、俺はこのやり方ですっきりできるんだから」

「うん、それは俺もそう思う」

なにしろ俺だって、シャワー・トイレの前は、一度の排便でロール半巻を使い切ってしまう男だったわけだから、この世界は〈なんでもアリ〉だ、とわかっている。

で、こんな排便流儀もあるくらいだから、とにかく〈なんでもアリ〉であるわけだが、それにしても、「本当に、ほかの人は一回十枚で拭き切れるのか?」というのが大きな疑問だった。俺の場合、十枚だと、二回しか拭けない。みんなはどうなんだ? みんなは、十枚で充分拭けるのか。それとも、一日に尻を二回だけ拭いて、それで我慢しているのか。

などということを、水洗トイレに座ったまま考えていても、問題は解決しない。木曜・金曜・土曜と、便秘が三日続いた結果、俺の排泄物は馴染みのある下痢便ではなくて、粘りのある人並み便だった。しかも、便秘の後で量も多く、モリモリと頼もしく、そして、充実感そのままに肛門に付着している。

五十枚のチリ紙を、自分なりに大切に扱ったつもりだ。一回拭くにあたって、五枚の紙を重ね、四分の一に畳んだ。そして、細心の注意を払いつつ、丁寧に拭いたのだが、残念なことに十回拭いても、つまり五十枚を費やしても、とうとう尻は拭き切れなかった。俺の肛門は「ふっきれない」という感じを強力に訴えている。どうすればいいだろう。

俺はとりあえず、当面の問題から頭をそらして、例の全裸排便の友人のことを考えた。あいつ、なんかの間違いで刑務所に入れられたりしたら、苦労するだろうな。とにかく全裸にならなければならないわけだが、房の中で全裸になると、やっぱり刑務官に「やめろ」と言われるだろう。なにしろ、刑務所の中の受刑者は、なになにの時間はこういう姿、と着る物や格好まで決められているのだから、それからはずれて勝手に全裸になってはいけない。そしてまた、いくらツイタテがあるとはいっても、腰から上は覗き窓の視野に入るから、ここでひとりの成人男子が全裸で水洗トイレに座っている、ということは明らかにわかる。それは、やっぱり、マズイだろう。刑務所は、そういう行為を「個人の好みだから」と容認してくれるんだろうか。多分、ムリだろうな。

そうだ、それに、独居房ならいいけど、これが雑居房なら、なおさら話は複雑になるぞ。机の上の小冊子の見取り図によると、雑居房も、トイレはむき出しらしいから、あいつは同房の受刑者の前で全裸になってから、トイレに座らなくてはならない。彼の好みを理解してくれる受刑者、好みと価値体系は個人個人でさまざまなのだ、という文化人類学的な、あるいは啓蒙主義的な視点を持った受刑者がいるだろうか。

などと、全裸排便の友人の刑務所生活を心配したが、はっと我に返ってみると、あいつの刑務所生活など、別に当面差し迫った問題ではないのだった。今の大きな問題は、俺自身の中途半端な肛門をどうするか、ということだったわけだ。

「よし、踏ん切りが大切だ」と、俺は〈糞切り問題〉を真っ正面から見詰めた。

そして、パンツを中途半端にはき、ズボンを中途半端にはいて、ドアに近寄り、中途半端な姿勢で〈報知器〉を押した。非常に原始的な器械で、押すと、棒がドアから外側にはみ出し、そのことによって刑務官が「あそこの犯罪者が用事があるらしい」と察してくれる仕組みだ。

「どうした？」

若い刑務官が窓から覗く。

「あのう、実は、紙がなくなったんですが……」

「……なくなった、と言ってもねぇ。……一日十枚、と決まってるんだよね」

「え！　やっぱり、一日十枚ですか！」

「そうなんだよね」

「みんな、どうやって一日十枚で済ませてるんでしょうか？」

「さぁねぇ……」

と刑務官は言って、それから、「まぁ、しかたないか。特別だよ。ちょっと待ってて」と言ってくれた。どこかに去って行った刑務官が戻ってくるのを待ちながら、俺は「かたじけなさに涙流るる」という気分だった。

だが、刑務官が追加してくれたのは二十枚だけだった。二十枚、つまり、俺の使い方でいうと四拭き分だ。

「シャバでは、シャワー・トイレで清潔にしていたのに。その前も、ペーパー半巻も使っていたのに。ムショでは、十四拭きしかできないなんて。しかもこれ、五日分プラス特別給付を全部費やして十四拭き。ああ、刑務所なんて入るもんじゃないな」

俺は唯一この時だけは、刑務所に服役したことを後悔したのだった。

●出　所

免業日の一日が終わり、消灯ですぐさま眠って（その前に、ナイター中継延長事件があったが）、目が覚めたら、出所の日だった。なんだか、とてもあっけないような気分だった。

朝食後、

「釈放だ」

と言われて、いよいよ出所だ。俺は担当さんと一緒に、刑務所の中を、またたくさんの鍵を通過しながら、カンカンコツコツと歩いた。シャバが、自由な世界が、一歩一歩近付いている。

だがしかし、ここでひとつの障害が俺の行く手を阻んだ。俺は立ち止まった。非常に苦しい。

「あのう……」

「どうした？」

担当さんは、不思議そうな顔をしている。

「……トッ……トイレに行かせてください」

「あ？」

「トイレに……大便が出そうなんです」

「これから領置調べで、それからすぐに言い渡し、そして釈放だぞ。それまで我慢できないか？」

「はぁ……、ちょっと難しいようです……それに……あのう、釈放を言い渡されて、刑務所から出た後、この近くにトイレはありますか？　ある程度清潔なトイレが……紙がたくさん備えてある、そういうトイレが……」

担当さんは考え込んだ。

「そうか。我慢できないか。すぐ出そうか？」

「ええ、申し訳ありませんが、すぐにも出そうです」

「わかった」

渡る世間に鬼はなし。急な便意に刑務官も和む。俺は、「こっちだ」と指図されつつ、タイル張りの清潔なトイレに案内されたのだった。

「は〜、やれやれ」という感じで、トイレから出ると、俺は刑務官について領置調べの部屋まで行った。それにしても、公務執行中の国家公務員を待たせておいて大便をするなんて、なかなか味わえない貴重な体験だったと思う。

で、領置調べも順調に進んだ。刑務官の方々の態度は、要するに、「ここまで付き合ったんだから、あとはさっさと帰ってくれ」という雰囲気だった。入った時とは違って、見物の刑務官もほとんどいない。着替えも、どうということのないただの着替えだった。入る時には堂々と見せたペニスも、ま、「そう何度も積極的に見せるスジアイのもんでもないから」という感じで、普通に、ちょっと隠し気味の雰囲気で、ごくノーマルに取り扱った。ここでいきなり暴れ出して、刑務官の誰かの顔を殴ったら、どうなるだろう、と突然考えた。懲罰房とかに入れられて、釈放は相当遅れることになるだろうか。それとも、「いい加減にしろ！」と叩き出されるだろうか。

もちろん、俺にしても、今またここで〈一坪庵〉に戻るなんて、そんなのはイヤだ。だからせいぜい愛想よく、ニコニコして応対したが、「ここでひとつふざけてやろうか」といういささかガキじみたオフザケの気持ちを押さえつけるのには、なかなか力が必要だった。

領置調べで、俺の持ち物がちゃんと全部あることを確認した後で、「葉書が来てる」と手渡された。友人が、〈札幌刑務所内受刑者　東直己〉宛に葉書を出してくれたのだった。葉書には、〈釈放時交付〉と付箋がついていた。当局による検閲を意識したのか「ちゃんと反省して、真人間になってください」などとフザケタことを書いている。一昨日配達されたらしいから、すぐに交付してくれてもよさそうなものなのにな、とちょっと不満だった。ま、なにか事情とか、手続きとか、いろんなことがあるんだろう。

それから、ノートとボールペンが返された。書いた内容は検閲の上、もしかすると削除する部分があるかもしれない、と言われていたが、特に切り取られたりスミを塗られたりした部分はなかった。

それから、給料も支給された。半日＋一日＋半日、ほぼ二日分働いて、俺はメガネ屋さんの袋をほぼ二百枚畳んだ。その報酬が、百六十円ちょっとだった。袋一枚一円弱。内職というのはこんなもんだろう。罰金七千円を節約したほかに食事をタダで食べさせてもらって、健康診断もタダで、レントゲン写真まで撮ってもらって、その上タダでこの本の取材ができた上に、給料までもらってしまった。

釈放言い渡しだ。担当さんの前で直立不動の姿勢をとる。担当さんも、マジメな顔で言い渡しをするのだが、どうもお互い、テレてしまった。

それから、刑務官に促されて、先導されながら鍵をいくつも通り抜ける。玄関の外に出た。まだ、世間は朝だ。月曜だが、街が騒がしくなるまでには、まだ少し間があるようだった。

「友だちが、迎えにきてるみたいだよ」

刑務官が言った。門の鉄格子の向こう、芝生のところに、ムサクルシイ男がふたり、寝そべっている。俺を見て、にっこり笑って立ち上がった。俺は、刑務官に促されるままに門から出た。

「や、どーも！　お疲れさまでした」

ハマナカ君が言う。タケダさんも、ニヤニヤしている。

「じゃ、まず、これ、これ」

ハマナカ君が、スキットルを取り出した。

「ジャック・ダニエルです。まず、一杯、どうぞ。それから、これ」

両切りピースを差し出してくれた。

久しぶりのジャック・ダニエル。そして、ピース。幸せだった。

幸せだった。

「じゃ、アヅマさん、これからどうします？」

ハマナカ君が言う。

「うん、それなんだ。これから、出所祝いに、オレの家で呑まないか？　焼き肉でもしてさ」

「ああ、いいですねぇ」

「じゃ、ちょっと先に行っててくれるかな。オレ、ちょっと取材に行かなきゃならないところがあるんだ。そこに寄って、インタビューをチャカチャカチャッと済ませて、それから帰るから」

「わかりました。じゃ、後で」

俺は、近くの大通りまで歩いて、そこからバスに乗った。早めの通勤客で、バスは少し混んでいた。俺は、勤めに向かうカタギの人に混じって、ついさっきまで暮らしていた札幌刑務所から、どんどん離れていったのだった。

一九九四年九月『札幌刑務所4泊5日体験記』（扶桑社文庫刊）

あとがき

一九九四年に扶桑社文庫の一冊として発行され、その後長く品切れだった『札幌刑務所4泊5日体験記』を、光文社文庫に入れてもらえる、と決まった時は、本当に嬉しかった。なにしろ、現在のところ私の唯一のノンフィクション、というかルポルタージュであり、ドキュメンタリーなのだ。このまま埋もれるのは惜しい、と思っていた。

最近は、刑務所を題材にした書物が多く刊行されている。マンガ家花輪和一《はなわかずいち》氏の傑作マンガ『刑務所の中』、およびそれを崔洋一《さいよういち》氏が監督した同名映画などが大ヒットしたのは記憶に新しい。そのほか、刑務所の事柄を面白く扱った出版物は、以前とは比較にならないほど多く刊行されている。

それらを目にする度に、「諸君実は御存知なかろうが私も実は刑務所ライターなのだよ実は」という思いが胸の中で行き場を求めて渦巻いていたのである。それが今、やっと日の目を見ることとなったので、嬉しいです。

光文社文庫化に当たって、加筆訂正は、ごく少なく、ほとんど変更点はないも同然、ではあるけれども、実は、誠に根本的な違いがひとつあるので、お断りしておく。

文中、数カ所、美女の代名詞として、酒井和歌子さんの名前が出てくる。これはもう、純粋に、「美しい女性」として、その代表として、なんの面識もないけれども、私は一方的に知っている、年来の憧れの対象である、彼女の名前を挙げさせていただいたのであるが、実は、扶桑社文庫版では、不覚にも、ここのところが別な女優さんの名前であったわけです。

申し訳ない。

と、誰に謝っているのか、我ながらよくわからないけれども、とにかく、申し訳なかった。一時の気の迷いでありました。

私は、ほかに生きる道がなく、自分にできることに打ち込んだら、なんとか小説家としてご飯が食べられるようになった、という人間ではあるけれども、その小説家になるにあたって、「作家になれば、もしかすると、なにかの拍子に、酒井和歌子さんと対談する、というようなチャンスがあるかもしれない。……うううっ！　そうなったらどうしよう。照れるなあ……」と本気で赤面した人間である。で、デビューして十二年、そんなような機会は一度もないので、もちろん、酒井和歌子さんは私のことなど全く御存知ないだろうし、それはそれで全くＯＫ、知られること皆無であっても、私は自らの慕情を育《はぐく》み育て、一朝事あらば、酒井和歌子さんのために、不惜身命《ふしゃくしんみょう》の覚悟は常にあるわけではあるけれども、……その覚悟が、一九九四年に、ほんの一瞬、揺らいだんですね。でもって、ついつい、別な女優さんの名前を書いちゃった。

ま、そんなわけで、間違えたわけですが、この間違いを、なんとかして雪《そそ》ぎたい、とそのチャンスを願ってきたので、今回の再文庫化は、とてもありがたいのであります。

さて。

子供がいると、順調に時が流れれば、子供は、小学校に入る。すると、ＰＴＡというものがある。これに、一度関わると、骨までしゃぶられる。ＰＴＡなどには手を出してはいけない。

だが、毎日毎日、昼間はたいがい家で仕事をしている、という暮らしをしていると、あらちょっと、あそこの御主人は暇みたいね。ずっと家にいるし。じゃ、ＰＴＡ会長を引き受けてもらいましょうよ。ということになる。で、ＰＴＡの幹部の奥さんたちや、担当の教職員などが家に来て「是非」と言う。あれこれ言を左右にして断っても、その「断る」理由自体が、こちらの隙《すき》であって、その隙を、相手は巧妙に突いてくる。逃げ回るのにも限界はあり、追い詰められる。そうなって、結局、ＰＴＡ会長を引き受けることになるんだろう。

だが、しかし、こういう時に切り札を私は持っている。

「いや、これでも結構なかなか、忙しくて……」

「忙しいのは、みんな同じです。ねぇ、そうよねぇ」

「そうよねぇ」

「そうよ、みんな忙しいのよ」

「それともあれですか、アヅマさんは、自分以外の人はみんな暇だ、とか思ってるわけですか？」

「いや、そんなことは」

「じゃ、忙しさはみんな同じじゃないですか。同じよねぇ」

「同じよねぇ」

「同じよねぇ」

「その中で、子供のことを大切に思っている方々が、率先して役員を引き受け……」

「いや、しかし、私のような人間が……」

「いえ、そんな、やはりその……ねぇ」

「ねぇ。校長センセイも、是非にっておっしゃってるし？　ねぇ」

「ねぇ」

「そうよねぇ」

「……実は」

「はい」

「私、刑務所に入った人間なんですよ」

「………」

「臭いメシを食って、生きて来ました」

「……あら……まぁ……あのう……」

そこでリーダー格のおばちゃんが、決然として語り始める。

「いえあのあの、いえあの、わたしどもは、そうそう、そういう、あの、今はこういう時代ですから、刑務所、即、不適格、という……刑務所イコール悪、みたいな？　烙印《らくいん》を押すのでなしに、ええあの、ええと、そういう、いろいろな経験？　を経験なさった方の？　経験？　多彩な？　そんなものも、あのあの、ええとあの、求められている？　つまりその、深みが増す？　みたいな？　……あの、一度学校に戻りまして、校長センセイ教頭先生学年主任の先生方ともお話し合いをして、そしてまた伺いますので、どうかそのひとつ？」

というわけで、一度もＰＴＡ会長をやったことがない。これもまた、刑務所経験のメリットのひとつである。

解説

ダンカン
（タレント）

冒険家の植村《うえむら》直己さんには憧れるけど、東直己となると泡《アワ》ほどの憧れの気持も湧いてこない。スーパーモデルのナオミ・キャンベルなら2人だけの長い旅にも出かけてみたいが東直己と2人旅となると、まず確実に待ち合わせの場所に俺は行かないだろう。『世界は二人のために』の大ヒット歌手、佐良《さがら》直美さんとなると、かなり微妙なラインだが少なくとも東直己よりは、2人のための時間を過ごせる自信だけはあるのだ。

とどのつまり、正直なところ東直己の書く作品は、たまらなく愛している俺だが、東直己本人は、好きか嫌いかと問われれば、その質問を相手が言い終わらないくらいの即答で「大嫌い」と大のおまけまでつけて答えられてしまうのだ。

何故、それ程に俺が東直己に好印象を抱いていないかというと、これは、おそらく逐一細かく挙げていったら、天文学的な数になりかねないので分かりやすいものだけ、ほんのいくつか紹介しておくのだ。

まず、東直己は、『探偵はバーにいる』で作家デビューをはたして以来、ススキノを舞台にすることにこだわり、日本推理作家協会賞を受賞した『残光』やら、『流れる砂』『悲鳴』などなど一貫して、ハードボイルド小説を書き続け、その作品の魅力は、俺が今さらここでウダウダと述べるまでもないだろう。

時折目にする、著者近影などの顔写真も、全体的にボサボサの髪に髭ボウボウ、メガネはレイバン型とでもいうのだろうか？　パンダのようにタレたものであり、サングラスと違い色は入っていない。その奥から、ちょっとひかえめに照れた笑みをみせている。これに関しては、ハードボイラー（こういう言葉があるのかどうか知らないけど）の心の痛みと人間の弱さ、優しさをかいまみさせるイイ写真だと思う。

但し、問題は、この写真に写っていない特に東さんの腹部あたりに、多いに不平、不満、罵声、叱咤、なめてやがんのかこのヤロー!!　を俺は浴びせたいのだ。

ハッキシいって、東さんの腹は、みっともないくらいに膨らんでいる。あくまで太っているというのではなく、今まさに、スイカ畑からスイカを服の下に隠し泥棒してきたかのようにポッコリと膨らんでいるのだ。

別に、それだけなら世の中にいないこともない体型なのでとがめる気はないのだが、東さんの場合、何が腹立たしいって、自分の作品の中の男もほれる、私立探偵・畝原《うねはら》とよもやダブらせるという発狂はしていないとは思うが、やたらジーパンをはきたがるのだ。

おそらく、俺の記憶違いでなければ、東さんは俺の中で、8年連続北海道で一番ジーパンの似合わない男に選ばれているはずなのに……

特に、その膨らんだ腹をベルトで必要以上にしめつける時のみにくさ、さらに、すぐさま腹からずりおちてきてしまうジーパン、あの光景を目の当たりに見ていたら……東さん、あなたハードボイラーじゃないよ!!

次に、東さんは他の人に対して、ものすごく人当たりがよくて、誰とでも自然にうちとける人である。それに関してもあまりネチネチと言いたくないのだが、一応こっちとしてはハードボイラー・東直己として見ているのに、「ねえ、ねえ、東さん、あそこの店行ったあ～?」「あ、あそこですか、あそこのパイ美味しいですよねェ」「そうでしょう、今度一緒に行きましょうよ」「あ、いいですねえ」という会話をしていたりする。その相手がよりによって漫画家のいがらしゆみこさんだったりするのだ。あのですね、ここで又、注釈をつけさせてもらいますけどね、いがらし先生は俺も大好きですよ。いつでも、いつまでも可愛いですし……。だけど、なんでハードボイラーのあなたが『キャンディ♡キャンディ』とあんな風に中学生の昼休み、「ねえ、ナオミ天気がいいから、芝の上でお弁当たべない?」「いーわね、あっ、ゆみこのウインナー・タコさんになってるカワイイ～!!」ってコラ!!　みたいな会話してるわけ、ハードボイラー魂はないんかい！

そして、これで最後にしておくけど、東さん直々に献本というものをしていただいたモノが数冊あるのだ（ファンだから自分でも買ってますからね）。当然、そういう場合、表紙をめくったページに、俺の場合なら「ダンカン様　東直己」と日付けを入れて下さるのだが、毎回その字のヘタさには辟易《へきえき》するのだ。

作家イコール達筆という厳しい注文はつけないけれど、ヘタはヘタなりに物書きなんだから、人生の重みとか苦悩などが味となって自然に文字ににじみ出るもんじゃないですか、普通!?　東さんの場合、そういうものは一切なしの、単なる字のヘタな人。

分かりやすく説明しますと、文房具屋さんへボールペンを買いに行くと、すぐ横に試し書きの白い紙があって、「インク出るだろうか？」という具合に、スラスラッと住所やら名前を走り書きするでしょう。あの時に文字に心を込めたりする人は、まあいないでしょう。まさに、あの文字のサインなのだ。東さん何も今さら、大作家にペン字教室通えとは申しませんが、せめて、サインを英字にしてうまくみせるぐらいの工夫はした方がいいですよ、何んといってもあなたは、ハードボイラーなのですから。以上、サッと挙げただけでも東直己という作家は、愛してやまない……いや、後頭部に蹴りを入れたい男であるのだ。

その東さんが、刑務所に入ったからその解説を俺に書いてくれ、という話がまい込んできたのだ。

それを聞いた時には「つ、つ、ついにやりおったかあの男、イヤ、普段から何かとてつもない犯行をやらかす気配は十二分にありましたよ。で連続猟奇殺人ですか？　それとも、札幌の時計台に日本ハムファイターズの人気者、ＳＨＩＮＪＯでも人質に立てこもりましたか？　えっ、交通違反の罰金払わず4泊5日の刑務所暮らし、しかも、本人はいたってうかれた様子、何んですかそれは！　あんな奴、どんなでっち上げの冤罪でもいいから禁固2千年プラス市中引きまわしの刑にしてやって下さい、おねげえしますだ、お役人さま……」と哀願してみたが相手にされるはずもなく……法治国家の矛盾をかいま見た気がしたのだ。

そもそも、興味本位で刑務所に入るなんて……我々の血税をそんなことに……と怒りの握り拳《こぶし》を振り上げた俺だったのだが、その時、ふっとあることを思い出し、振り上げた拳の降ろし場所にとまどってしまったのだ。

実を申しますと、かくいう俺もこれとまったく同じ体験をやったというか、やらせたことがあったのだ。

体験者は、俺の弟弟子で、当時運転手もやってくれていたお笑い芸人のガンビーノ小林(何んという奇遇、この男も札幌の出身である)。彼も確か4泊5日くらいであったろう。罰金は全て俺が出してやった。しかし、その金は罰金として支払われることなく「ガンビーノ小林の入所を祝う会」の焼肉パーティの資金に使われ、晴れて彼は入所者となったのだった。

但し、彼の場合、東さんの様な知識人でないのが最大のミスであることに後日気付いたのだ。あれ程入所に際してこと細かく記憶してこいと申しつけたのに、何ひとつ憶える能力がなかったために、ただ東さんと同じように少しだけ健康な体になり戻ってきたのである。

そう考えると、東さんのこの本に書かれている食事のメニュー（忘れている部分があるのは少々情けないけど）や、ラジオ放送、作業の内容、健康診断などなどのくだりは、今後入所する者へのガイドブックとしても大いに役立つのではあるまいか。

突然、ここで思い出したが、弟弟子のガンビーノ小林であるが、刑務所内の撮影を俺に命じられた為に、秋葉原《あきはばら》の電気街で購入した超小型カメラを肛門にかくし持って入所したところ、パンツを脱いだ時点で、カメラについていたキーホルダーの鎖が肛門からぶら下がって出ていて激しく怒られたそうである。

そして、もう一つ彼の最大の自慢話は、たまたまオウムの麻原彰晃《あさはらしょうこう》と同じ刑務所だったことをいいことに、「いや、麻原とキャッチボールを運動の時間にしましたよ。あいつ目が悪いっての嘘ですね、ちゃんとキャッチしてましたから。それにけっこういいカーブ投げるんですよ」と誰がきいても真っ赤な嘘っぽいことを言うのだが「ホントですよ、だって刑務所に入った俺が言うんですから。嘘だと思ったら自分で入って確かめたらいいじゃないですか!!」と水戸黄門の印籠的発言。いや、何事も体験した者にはかないません。

アラ、こんなことをダラダラと書いているうちに原稿の枚数が残り少なくなってしまったのだ。しまった……まだ、検察側や看守側の気持を考えたことがあるのか（実は、俺の奥さんの父親は、刑務所の看守さんでした）、など反省すべき点を厳しく糾弾《きゅうだん》しようと思っていたのに……。

しかし、東さん、このまま時効で逃げ切れると思ったら大きな間違いなのだ。この続きは、今度、札幌に俺が行った時にでも、そうだ、どうせなら東さんの妹さんが営んでいるプリンス会館の2階にある小料理屋さん『小太郎』（ここは、とにかく料理がうまいし、又、驚くべきことに妹さんが和服の似合う美人。おそらくわけあって血のつながっていない兄妹と俺は以前より疑っている）で、ジックリときこうじゃないの。

店の支払いどうするって？　ウーン、ま、いつものように北海道文化放送の石渡敏プロデューサーのつけにしとけばいいんじゃないの……ガハハハ……お互い悪ですなア!!　えっ、今度は2人で刑務所入ったりしてって……ヒェーッ、それだけはかんべんしてくれー!!

光文社文庫

札幌刑務所《さつぽろけいむしよ》4泊《ぱく》5日《か》
著者　東《あづま》　直《なお》　己《み》

2004年6月20日　初版1刷発行
2012年11月15日　9刷発行

発行者　駒　井　　稔
印　刷　堀　内　印　刷
製　本　ナショナル製本

発行所　株式会社　光　文　社
〒112-8011　東京都文京区音羽1-16-6
電話　(03)5395-8149　編　集　部
8113　書籍販売部
8125　業　務　部

落丁本・乱丁本は業務部にご連絡くだされば、お取替えいたします。
ISBN978-4-334-73694-1　Printed in Japan

お願い　光文社文庫をお読みになって、いかがでございましたか。「読後の感想」を編集部あてに、ぜひお送りください。

このほか光文社文庫では、どんな本をお読みになりましたか。これから、どういう本をご希望ですか。

どの本も、誤植がないようつとめていますが、もしお気づきの点がございましたら、お教えください。ご職業、ご年齢などもお書きそえいただければ幸いです。当社の規定により本来の目的以外に使用せず、大切に扱わせていただきます。

光文社文庫編集部